DOCÊNCIA, PESQUISA E APRENDIZAGEM:

(Auto)Biografias como espaços de formação/investigação

Série *Artes de viver, conhecer e formar*

APOIOS

Biograph
Associação Brasileira de Pesquisa (Auto)Biográfica

FEUSP
Faculdade de Educação da Universidade de São Paulo

FAPESP

CNPq
Conselho Nacional de Desenvolvimento Científico e Tecnológico

CAPES

Fafe
Fundação de Apoio à Faculdade de Educação

Dislane Zerbinatti Moraes
Rosario Silvana Genta Lugli
(Organizadoras)

Série *Artes de viver, conhecer e formar*

DOCÊNCIA, PESQUISA E APRENDIZAGEM:

(Auto)Biografias como espaços de formação/investigação

CULTURA ACADÊMICA
Editora

Cultura Acadêmica Editora
Praça da Sé, 108
01001-900 – São Paulo/SP
Tel.: (0xx11) 3242-7171
Fax: (0xx11) 3242-7172
www.culturaacademica.com.br

CATALOGAÇÃO NA PUBLICAÇÃO
Serviço de Biblioteca e Documentação
Faculdade de Educação da Universidade de São Paulo

D636 Docência, pesquisa e aprendizagem : (auto)biografias como espaços de formação/investigação / Dislane Zerbinatti Moraes, Rosario Silvana Genta Lugli (orgs.) São Paulo : Cultura Acadêmica, 2010.
208 p. (Série Artes de viver, conhecer e formar)

ISBN : 978-85-7983-059-4
Vários autores.

1. Educação 2. Autobiografias 3. Memória 4. Formação 5. Formação de professores 6. Autoformação I. Moraes, Dislane Zerbinatti, org. II. Lugli, Rosario Silvana Genta , org.

70CDD 22ed.: 3

Editora afiliada:

Asociación de Editoriales Universitarias de América Latina y el Caribe

Associação Brasileira de Editoras Universitárias

Sumário

Prefácio

Denice Barbara Catani 7

Docência, pesquisa e aprendizagem: (auto)biografias como espaços de formação/investigação – Apresentação

Dislane Zerbinatti Moraes e
Rosario Silvana Genta Lugli 11

Pesquisa e formação em espaços (auto) biográficos

Imagens e miragens: fragmentos de memória e autoconhecimento em *O espelho* de Guimarães Rosa

Verbena Maria Rocha Cordeiro 21

La biografía escolar de los docentes.
Modos de abordage yperspectivas de formación

Andréa Alliaud 37

Narrativa escrita na interface com a pesquisa e a formação de professores

Antônia Edna Brito 53

La autobiografía educativa:
formación, investigación y profesionalidad reflexiva

José Gonzáles Monteagudo 69

DOCÊNCIA, APRENDIZAGENS E PROCESSOS DE SUBJETIVAÇÃO

Narrativas de um grupo em constante caminhar:
quando contamos nossas histórias de aprendizagem.

Helena Amaral da Fontoura 89

Linguagem e educação: histórias de si
nos percursos de formação pessoal e profissional

Kátia Maria Santos Mota 111

Redes coletivas de (auto)formação docente:
narrativas, experiências e a (re)construção de saberes
e fazeres alfabetizadores.

Carmen Sanches Sampaio 129

CONSTRUINDO ESPAÇOS DE SUBJETIVAÇÃO

História de vida e formação de professores(as):
narrativa autobiográfica de caminhos trilhados na pesquisa

Inês Ferreira de Souza Bragança 149

Os significados da vida estudantil e da escola
nos memoriais dos candidatos à docência na FEUSP (1988-2005)

Bruno Bontempi Jr. 165

Docência e autoria: possibilidades para as pesquisas
acerca da história da profissão docente

Anamaria Gonçalves Bueno de Freitas 179

Os autores 201

Prefácio

"Educação é vida", disse-nos Dewey.

"Alguém, vós ou eu, avança e diz: gostaria de aprender finalmente a viver". Desse modo, Derrida iniciava Spectres de Marx. *(*Aprender finalmente a viver, *Jacques Derrida, entrevista com Jean Birnbaum, Coimbra: Ariadne, 2005.).*

Em entrevista, no ano de sua morte, Derrida perguntou-se "Como aprender a viver?" Na mesma oportunidade, lembrou-nos:

> Aprender a viver é amadurecer, e também educar: ensinar aos outros e sobretudo a si mesmo. Apostrofar alguém para lhe dizer: "vou te ensinar a viver" significa, por vezes em tom de ameaça, vou te formar ou mesmo te domar. A seguir e o equívoco deste jogo importa-me ainda mais, este suspiro abre-se também a uma interrogação mais difícil: a viver, poderá isso aprender-se? Ensinar-se? (*Aprender finalmente a viver,* Jacques Derrida, entrevista com Jean Birnbaum, Coimbra: Ariadne, 2005.).

2010 conhece a edição de uma série de seis obras nas quais os autores empenham-se de formas absolutamente originais em constituir relações entre histórias de vida e educação. O tema vem servindo à proliferação de inúmeros estudos, desde algumas décadas. No Brasil, há alguns anos, vemos frutificar apropriações bastante diferenciadas dos elos possíveis entre (auto)biografia e formação. O que pode parecer surpreendente é, decerto essa multiplicidade de apropriações que, inauguram, de modo incessante, perspectivas novas nessa área de pesquisa. Os seis livros aqui apresentados reúnem colaborações de autores da Suíça, França, Portugal, Dinamarca, Estados Unidos, Argentina, México, Canadá e Brasil. Seus títulos refletem sua riqueza e a organização de cada um dos livros aproxima, também, estudiosos de diversos pontos do país, como se pode constatar:

- *Sentidos, potencialidades e usos da (auto)biografia.* Organização de Paula Perin Vicentini e Maria Helena Menna Barreto Abrahão.
- *Invenções de vidas, compreensão de itinerários e alternativas de formação.* Organização de Maria da Conceição Passeggi e Vivian Batista da Silva.
- *Docência, Pesquisa e Aprendizagem: (auto)biografias como espaços de formação/investigação.* Organização de Dislane Zerbinatti Moraes e Rosario Silvana Genta Lugli.
- *Espaços, tempos e gerações: perspectivas (auto)biográficas.* Organização de Elizeu Clementino de Souza e Rita de Cassia Gallego.
- *Modos de narrar a vida: cinema, fotografia, literatura e educação.* Organização de Raquel Lazzari Leite Barbosa e Mônica Appezzato Pinazza.
- *Práticas de formação, memória e pesquisa (auto)biográfica.* Organização de Vera Lucia Gaspar e Jorge Luiz da Cunha.

A alusão aos títulos permite entrever, de saída, o potencial dos trabalhos que integram cada volume. Potencial esse que evidencia tanto as possibilidades analíticas e metodológicas do trabalho com narrativas, histórias de vida e (auto)biografias quanto a diversidade de objetos passíveis de serem conhecidos e compreendidos mediantes tais fontes. Ressalta-se ainda, a bifurcação das análises entre as que tematizam, de modo preferencial, as práticas de formação e as que investem sobre a geração de conhecimentos relativos à produção das investigações. Bifurcação estratégica, mas renovadamente superada na busca de maior compreensão dos problemas. Nessa mesma busca, as pesquisas (auto)biográficas alicerçam suas fundações no domínio da pedagogia, da história, da literatura, da psicologia, das artes, da filosofia e da antropologia. Pela eleição de objetos interdisciplinares, os estudos que a série de livros nos traz constróem-se para dar conta de questões como: artes da existência, aspectos da subjetividade, cuidados com o corpo, histórias de imigrantes, experiências de escrita, formação de professores e alunos e práticas de trabalho em sala de aula.

Os resultados de tais incursões agregam, assim, elementos importantes para análises da formação e suas práticas, das artes, das narrativas e dos processos de invenção da vida. Importa sublinhar aqui o fato dos trabalhos reunidos nos seis livros exprimirem, nesse momento, um ponto significativo na história do movimento internacional de pesquisa (auto)biográfica: momento de intensa produção e de grande diversidade de métodos e de fontes que, impõe ele próprio, a urgência da construção da história do movimento. (Auto)biografia e formação, história de vida e educação, docência e memória já constituíram, internacionalmente, uma produção de tal porte que importa conhecê-la em seus cruzamentos disciplinares, em sua cronologia, em seu intercâmbios, em suas modalidades de apropriação das ciências humanas e das artes. Que o conjunto das obras agora publicadas colabore para tal empreendimento e ao mesmo tempo faça proliferar o alcance de nossa compreensão sobre as questões que contempla! Tal é a nossa expectativa.

Denice B. Catani
São Paulo, maio 2010.

Docência, pesquisa e aprendizagem: (auto) biografias como espaços de formação/ investigação

Apresentação

Artes de viver. Artes de narrar, artes de formar. É com esse espírito que pensamos em apresentar o livro **Docência, Pesquisa e Aprendizagem: (Auto)Biografias como espaços de formação/investigação**, produzido por pesquisadores participantes do ***IV CIPA*** (***IV Congresso Internacional de Pesquisa (Auto)biográfica: Espaço (auto)biográfico: artes de viver, conhecer e formar***). Nele encontramos expresso de maneira muito sensível e criativa a valorização da narração da experiência como elemento constituinte de encontros com a pesquisa acadêmica e com o magistério.

Gostaríamos que este livro fosse lido como se ele tivesse sido narrado por camponeses e marinheiros, velhos mestres da narração. Assim, talvez fosse assimilado pelos leitores à moda antiga, lentamente, com pausas para reflexão, buscando reter conhecimentos e apreciando as nuances dos contadores de histórias, o que são, na verdade esses investigadores que teceram seus relatos de pesquisa. Como os velhos cronistas, os pesquisadores adotaram uma "forma artesanal de comunicação", transmitindo, além da informação, "a marca de quem narra, como à tijela de barro, a marca do oleiro" (Walter Benjamin. *O narrador*). Os textos constituem finas camadas de aprofundamento, níveis de referências, sentidos e direções múltiplas acentuando as posições subjetivas dos autores, circunstâncias de investigação, opções metodológicas e intenções práticas.

Seguindo os passos dos mais destacados pesquisadores precursores da abordagem (auto)biográfica, os autores apostam na hipótese de que toda a experiência é formadora: "qualquer prática deixa traços" e "toda tomada de consciência cria novas potencialidades" (Marie-Christine Josso. *Experiências de vida e formação*). A atenção à memória de pessoas tão diversas como os próprios pesquisadores, professores(as), alunos em processo de formação para a docência, e de estudantes vem ao encontro da recuperação da ideia do narrador tradicional, que tece sua elaboração do passado, efetivando a continuidade entre passado e presente, por meio da escuta e transmissão de histórias vividas; portanto transformado-as em um tesouro de sabedoria.

Aqui as dimensões da história e memória são aproximadas, procurando obter-se delas o melhor dos efeitos: a compreensão das questões que realmente importam discutir no momento presente. Não se trata de tomar o passado como uma tradição paralisada, mestre da vida, mas pensá-lo como resultado de uma interpretação possível, válida no presente pela capacidade de desnaturalizar a história, ao mostrar o peso da posição social dos sujeitos na determinação de suas vidas e de suas escolhas profissionais. Nessa medida, dispor as práticas docentes como saberes que se constituem no artesanato da vida diária, nas relações com seus mestres, familiares, culturas, em constantes inter-relações sociais, significa abrir caminho para consciência de que são os indivíduos que se formam, pela significação atribuída a essas experiências.

Os estudos que compõem a coletânea, portanto, se inscrevem na perspectiva da pesquisa narrativa, na qual se busca aprofundar a discussão sobre as questões de educação e de formação através da identificação dos modos de narrar. Entre outros pressupostos está a ideia de que nas narrações são articulados processos de autoconhecimento, de formação e de produção de conhecimentos.

Resumidamente, a presente coletânea oferece ao leitor um conjunto de textos sobre modos de pesquisa e de formação de professores, por meio de documentos pessoais, discutindo as suas potencialidades para a compreensão da história da profissão docente e das práticas escolares, assim como dos processos de construção de identidades docentes e de estudantes. Os textos apresentam uma variedade bem instigante de objetos de investigação e fontes: narrativas de experiências, diários, memórias, histórias de vida, autobiografias, memoriais, coleções didáticas e textos ficcionais.

A leitura dos textos revela o intenso trabalho de investigação educacional e iniciativas coletivas de formação de professores praticados por Instituições de Ensino Superior e Grupos de Pesquisa em âmbito nacional e internacional. Estão presentes os resultados de reflexões do ***Grupo de Pesquisa (Auto)biografia, Formação e História Oral*** (PPGEduC/UNEB), do ***Núcleo de Estudos e Pesquisa sobre Formação e Profissionalização Docente*** (PPGE/UFPI), do ***Grupo de Pesquisa Formação de Professores e Diversidades Culturais*** (FFP/UERJ/São Gonçalo), do ***Grupo de Pesquisa – Fórum de Alfabetização, Leitura e Escrita (FALE)*** e ***Grupo de Pesquisa Práticas Educativas e Formação de Professores*** (UniRio), além dos trabalhos individuais de docentes de diversas instituições nacionais e internacionais: Facultad de Filosofia y Letras da Universidad de Buenos Aires, Universidade de Sevilha, Faculdade de Formação de Professores da Universidade do Estado do Rio de Janeiro e da Universidade Estácio de Sá, Faculdade de Educação da Universidade de São Paulo e Universidade Federal de Sergipe.

A composição do volume compreende três eixos temáticos, os quais foram definidos por meio da identificação de similaridades em relação às fontes e objetos de estudo, a saber: 1. *Pesquisa e formação em espaços (auto)biográficos*; 2. *Docência, aprendizagens e processos de subjetivação*, 3. *Construindo espaços de subjetivação.*

No primeiro eixo ***Pesquisa e formação em espaços (auto)biográficos***, situam-se estudos que tratam dos lugares de composição de memórias, como os do texto literário, dos memoriais de conclusão de curso, diários de classe e biografias educativas. A análise recai sobre o processo de escrita e sua função de simbolização e síntese da experiência de vida. Assim, Verbena Maria Rocha Cordeiro (Universidade do Estado da Bahia) reflete, em seu texto, sobre os limites entre ficção e autobiografia, tomando particularmente o conto *O espelho*, de Guimarães Rosa como objeto de análise. O objetivo do trabalho anunciado pela pesquisadora é o de "agregar estudos e pesquisas que incitem a refletir a condição de nossa própria existência humana, constituindo-se em mais uma discussão que alimenta as pesquisas sobre as relações da ficção, memória, identidade e autoconhecimento". A intenção é "compreender em que medida a figura especular do personagem/narrador recompõe, entre a razão e a intuição, a sua identidade".

Andréa Alliaud (Facultad de Filosofia y Letras, Universidad de Buenos Aires), por sua vez, propõe-se a estudar o passado escolar de quem é mestre no presente, baseando-se na premissa de que é mediante essa aprendizagem intensiva, outorgada pela vivência escolar prévia, que se vai formando e interiorizando "modelos de ensino", "saberes e regras de ação, "esquemas sobre a vida escolar", "pautas de comportamento", que resultam em potentes elementos no desempenho profissional dos educadores.

Antonia Edna Brito (Universidade Federal do Piauí), acompanhando o objetivo de constituir espaços propícios à formação, centra-se no estudo de diários de práticas e de memoriais, usados como suporte metodológico para o desenvolvimento profissional docente. Desse modo realça a fertilidade das narrativas escritas por possibilitarem aos narradores a compreensão do sentido de suas histórias de vida pessoais e profissionais.

Vindo da Universidade de Sevilha, José González Monteagudo descreve a sua experiência prática e reflexão teórica com o tema da escritura autobiográfica. Apresenta um interessante levantamento de modos de pesquisa pelo método biográfico de origem inglesa e francesa, e seus desdobramentos entre pesquisadores brasileiros, além de narrar a sua proposta de autobiografia educativa (ABE), uma modalidade que vem desenvolvendo no contexto universitário.

O segundo eixo ***Docência, aprendizagens e processos de subjetivação*** atêm-se às alternativas de formação por meio do método (auto)biogrático, narrando as suas particularidades, potencialidades, procedimentos de aplicação e resultados obtidos. Helena Amaral da Fontoura (Universidade do Estado do Rio de Janeiro) apresenta o trabalho coletivo do grupo de pesquisa "Formação de Professores e Diversidades Culturais", o qual visa promover espaços de diálogo em torno do tema, com benefícios secundários de aprimoramento das habilidades comunicacionais e de colaboração.

Kátia Maria Santos Mota, da Universidade do Estado da Bahia, problematiza a produção de pesquisa que tem desenvolvido no campo do conhecimento da linguagem em cruzamento com a educação, com o apoio teórico-metodológico da pesquisa (auto)biográfica. Em seu texto, descreve duas pesquisas: a primeira sobre a socialização de imigrantes brasileiros nos Estados Unidos em situação de bilinguismo; e a segunda, abordando o papel social do letramento em sujeitos analfabetizados ou com baixa escolaridade, que frequentam o sistema de Ensino de Jovens e Adultos (EJA). Os resultados das pesquisas colocam em cena as tensões sociais e culturais, advindas do privilégio dos saberes escolares em detrimento dos saberes da experiência, no caso dos estudantes do EJA, e do contato entre culturas, línguas e projetos de vida diferenciados, vividos pelas famílias residentes nos Estados Unidos.

Carmen Sanches Sampaio (UniRio) dá notícias dos encontros do ***FALE (Fórum de Alfabetização, Leitura e Escrita)***, nos quais se reúnem uma vez por mês, na Universidade, professores(as) alfabetizadores(as), docentes universitários e estudantes de cursos de Formação de Professores. Nesse espaço escola básica e universidade, teoria e prática, fazer e dizer, investigação e formação dialogam, multiplicando os potenciais de compreensão da experiência vivida e concebida.

O terceiro eixo ***Construindo espaços de subjetivação*** os autores discutem o significado da construção de uma imagem e afirmação de si, por meio da escrita (auto)biográfica, em três situações distintas: narração do diário de campo de uma trajetória de pesquisa, memoriais para obtenção de títulos acadêmicos e escrita de livros didáticos. Nesses estudos a análise dos processos de construção de subjetividades e identidades, em relação ao outro e a si mesmo, se mostram decisivos; marcando a tonalidade do que se escreve, e buscando sempre compreender por que e para quem se escreve.

Inês Ferreira de Souza Bragança, professora da Faculdade de Formação de Professores da Universidade do Estado do Rio de Janeiro e da Universidade Estácio de Sá, narra os caminhos trilhados em sua pesquisa de doutoramento, tecendo, na escrita autobiográfica, a auto-análise dos seus percursos intelectuais. O texto sublinha a operacionalidade de dois espaços/tempos produtores de reflexividade: o "livro da vida", proposto por Freinet, e as aprendizagens singulares da "sopa de pedra", ou seja, propondo a inter-relação entre saber e sabor, enquanto cozinhava em sua casa em Portugal.

Bruno Bontempi Jr., professor da Faculdade de Educação da Universidade de São Paulo, analisa memoriais escritos para os concursos de Livre–Docência e de Professor Titular, na FEUSP, entre os anos de 1988 e 2005. Detêm-se nos relatos sobre o significado da vida estudantil contidos nos memoriais, interpretando-os em função do contexto de escrita. Os relatos, nesse sentido, buscam compor "os traços do auto-retrato" que se deseja expor, "como indivíduo único e irredutível e, simultaneamente, membro da coletividade que compartilha valores e experiências".

Finalizando o volume, Anamaria Gonçalves Bueno de Freitas, professora da Universidade Federal de Sergipe, discute questões de metodologia de pesquisa e de historiografia acerca da produção de livros didáticos das décadas de 30 e 40 do século XX, buscando compreender especialmente a relação entre autoria e docência. Em seu texto ressalta a relevância dos estudos sobre a produção e circulação das coleções didáticas das diferentes disciplinas escolares, pela sua potencialidade em elucidar questões e problemas referentes ao exercício do magistério, ao processo de formação, às práticas cotidianas do ensinar e aprender e ao processo da constituição da autoria didática, assim como, de suas relações com o campo educacional.

Como os textos evidenciam, os estudos no âmbito da Pesquisa (Auto)biográfica estão se tornando cada vez mais especializados em termos de objetos e metodologias de investigação, demonstrando aprofundamento teórico, amadurecimento reflexivo e diálogos profícuos entre pesquisadores.

Dislane Zerbinatti Moraes
Universidade de São Paulo

Rosario Silvana Genta Lugli
Universidade Federal de São Paulo

Pesquisa e formação em espaços (auto)biográficos

Imagens e miragens: fragmentos de memória e autoconhecimento em *O espelho*, de Guimarães Rosa

Verbena Maria Rocha Cordeiro

Esse artigo inscreve-se nos objetivos de dois grupos de pesquisa *Literatura e Ensino: tecendo identidades, imprimindo leituras* – PPGEL e GRAPFO (*Grupo de Pesquisa (Auto)biografia, Formação e História Oral*), ambos certificados no Diretório de Pesquisa do CNPq. O presente texto configura-se, portanto, em mais uma contribuição a produções que refletem sobre os limites entre ficção e (auto) biografia, tomando-se mais particularmente o conto *O espelho*, de Guimarães Rosa. A leitura desse conto vem ilustrar o desejo de agregar estudos e pesquisas que incitem a refletir a condição de nossa própria existência, constituindo-se em mais uma discussão que alimente os estudos e pesquisas no âmbito da ficção, da memória e da identidade, cujos limites são quase sempre indeléveis. A intenção, portanto, é compreender em que medida a figura especular do personagem/narrador, em seus gestos e olhares, recompõe, entre a razão e a intuição, a sua identidade estilhaçada. Seguir a travessia de Rosa em busca de indícios às questões da ordem da memória e do autoconhecimento é o propósito desse trabalho.

Guimarães Rosa, quase um século depois, na trilha da tradição de Machado de Assis, retoma o tema, publicando, em 1962, o conto de igual nome, na coletânea *Primeiras Estórias* (1988), entre os vinte e dois contos que aí se inscrevem.

É a partir do eixo central – o *espelho* – que se pretende entender como o conto *O espelho*[1] de Rosa (1988) se articula para tecer a angústia, a busca da verdade e do autoconhecimento, a aparência e a essência, a ação e a reflexão, a razão e a loucura enquanto elementos que pontuam e encobrem de múltiplos e singulares sentidos a alma humana sobre a qual a genialidade desse escritor reinventa insuspeitados olhares. O título do conto é suficiente para relacioná-lo a toda carga simbólica e mítica que o *espelho* e o olhar configuram para compor o seu tecido ficcional.

O espelho, de Rosa, o que nos revela? Vejamos os seus passos: "Se quer seguir-me, narro-lhe, não uma aventura, mas experiência, a que me induziram, alternadamente, série de raciocínios e intuições" (OE, p. 65), assim Rosa inicia o seu conto. Um convite a um suposto ouvinte/leitor para que com ele partilhe um episódio de seu cotidiano. E entre razão e intuição, sua narrativa investiga a natureza do visível e a essência de si mesmo.

É no embate em torno de sua permanente ambivalência entre um ser que se constrói de fora para dentro (foi deste lugar que ele se viu e se estranhou) e de dentro para fora (para onde ele se encaminha) que ele fixa um olhar atento e profundo para desfazer aquela primeira imagem refletida no espelho:

> Foi num lavatório de edifício público, por acaso. Eu era moço, comigo contente, vaidoso. Descuidado, avistei... explico-lhe: dois espelhos – um de parede o outro de porta lateral, aberta em ângulo propício faziam jogo. E o que enxerguei por um instante, foi uma figura, perfil humano, desagradável ao derradeiro grau, repulsivo, senão hediondo. Deu-me náusea, aquele homem, causava-me ódio e susto, eriçamento, espavor. E era

1 As citações de *O espelho*, de João Guimarães Rosa, foram extraídas de *Primeiras estórias*. Rio de Janeiro: Nova Fronteira, 1988 e indicadas no texto com a sigla OE.

– logo descobri... era eu, mesmo! O Senhor acha que eu algum dia ia esquecer essa revelação? (OE, p. 67).

São muitas as significações aí contidas. Em primeiro lugar, preso na armadilha de sua própria conduta (ENRIQUEZ, 1974), o personagem, ao ousar estranhar-se, perde a "pose" e temeroso inicia um processo de decomposição de sua imagem refletida no espelho, experimentando todas as possibilidades de seu ser. Acresce-se a isto, o fato de ser *jovem e vaidoso* (o olhar do outro investido sobre ele como marca da sua suposta unidade, daí para o narciso é um salto) que, ao se deixar levar pela aparência (que lhe é dada pela imagem especular), encontra, em tese, um lugar confortável (não angustiante) que define sua identidade e lhe dá um *status*. Mas diante de certo olhar, *descuidado* (permite-se ver, *por um instante*), o personagem/narrador se estranha e sua figura se revela *repulsiva, monstruosa*, porquanto não se reconhece como tal. É a fantasia do despedaçamento e da fratura de seu eu. O narrador antecipa essa ideia e, já no início do conto já mais velho e experiente, lembra que, distraídos (alienados?), não nos damos conta do que se esconde por trás das máscaras que "só valem para o falquejo das formas, não para o explodir da expressão..." ou como bem disse Enriquez (1974, p. 66) "a organização insiste no jogo do logro e da repetição, colocando máscaras sobre os indivíduos, [...] proibindo as possibilidades de expressão direta, porque elas podem levar a arrancá-las".

Na perspectiva freudiana (1976, p. 276), o estranho seria "aquela categoria do assustador que remete ao que é conhecido, de velho, e há muito familiar." Ao que Freud denomina de "*umheimlich*" (misterioso, fantástico), o conceito de Schelling (1775-1854), segundo Freud (1976, p. 282), é esclarecedor: "é tudo o que deveria ter permanecido secreto e oculto mas veio à luz". Esta parece ser uma hipótese plausível para o entendimento do conto. Afinal, não foi este o percurso do personagem, ao trazer à tona uma dimensão do seu ser que deveria, em principio, estar recalcada? Mas Freud (1976) prossegue e remete o conceito de estranheza à literatura, indicando

E. T. A. Hoffman (1776-1822)[2] como seu mestre incomparável e, ao relacioná-lo ao fenômeno do duplo, aponta os estudos de Otto Rank (1884-1939), como iluminadores. O duplo para Rank (1982) era uma garantia contra a destruição do *ego* e de certa forma, o duplo em Rosa (múltiplos) permite aos seus herois ocultar as fantasias de destruição de si mesmos, garantindo-lhes a ilusão da imortalidade. Só que, especialmente em Rosa, a questão é ainda mais complexa e seguindo o raciocínio de Freud (1976, p. 294), após ter sido "uma garantia de imortalidade, transforma-se em estranho anunciador" da morte.

É assim que parece ter sucedido no conto, ao estranhar-se, o narrador anuncia a morte de seus múltiplos, dando início ao seu experimento. Qual seria a natureza secreta desse estranho em que ele se reconhece? O elemento, segundo Freud (1976, p. 300) que o amedronta pode ser "algo reprimido que retorna"? Para Freud (1976, p. 301), o "umheimlich" seria familiar porque, "há muito estabelecido na mente", dela se alienou pela repressão (mais adiante, porém, refuta que nem "todo retorno do recalque produz o fenômeno do estranho"), mas isto, de alguma maneira, faz sentido se lembramos que foi a partir da sensação de estranhamento que o personagem desse conto vai em busca do seu *eu por detrás de mim*, escavando todas as camadas para encontrar a luz (ou a cura?). Talvez aí o conceito de Schelling sobre o fenômeno do estranho encontre um sentido. São hipóteses que a psicanálise vem buscando responder e que, talvez, inquietasse tanto a Rosa como, até hoje, a nós leitores, mas sobre as quais pairam, ainda, muitas incertezas que se fiam e se desfiam, como a mortalha de Penélope. E quando Freud relata a sua experiência (1976, p. 309) no espelho, tal como o personagem de Rosa, também se estranha e antipatiza com a sua própria imagem. E indaga: "o desagrado [...] seria um vestígio da reação arcaica que sente o duplo

2 Escritor alemão, considerado o mestre do conto fantástico do romantismo, fecundou o imaginário de grandes escritores dentro e fora Europa, a exemplo dos EEUU (E. A. Poe) e Brasil (Álvares de Azevedo, Machado de Assis e Guimarães Rosa).

como algo estranho?" (FREUD, 1976, p. 309). É possível, mas com a ressalva de que os efeitos do estranho no mundo ficcional são bem mais complexos e ricos que os da vida real. Não há como explicar quando a imaginação domina a razão e os escritores (Freud cita Dante e Shakespeare e citaria Rosa, se o tivesse lido) prometem uma "suposta verdade", mas, com seus truques e artifícios poéticos, ilude o leitor, que embevecido em suas tramas arrasta-se, como sombras, mundo afora.

O personagem-narrador, em Rosa, busca atingir a sua vera forma (a essência sob a aparência). A ele interessa justamente despojar-se da máscara social para chegar a sua identidade forjada em tantos outros "eus". Mas a busca do conhecimento demanda tempo, esforço, cansaço e sofrimento, como Platão há tantos séculos atrás já advertia.

Frente à revelação, o narrador entra em um processo de eliminação de seus aspectos superficiais, deixando entrever traços animais (a onça), hereditários e outros advindos de pressões psicológicas transitórias, como os sentimentos de ódio e amor, prefiguradas as pulsões de morte e vida, mal e bem.

É de fragmentos – cacos de espelho – que se faz a travessia do personagem-narrador (viagem interior), que recolhe de suas lembranças e recompõe, como um mosaico, sua história para aproximar-se de si mesmo: "[...] deixe que o final de meu capítulo traga luzes ao até agora aventado, canhestra e antecipadamente" (OE, p. 71). Rememora o passado como forma de ressignificar o que à época não pode entender e a cada pergunta: "Duvida? [...] Mas – que espelho?[...] E então? Para sempre? [...] Será, se? [...] Sim?" (OE, p. 63, 70, 72) que ele dirige ao seu suposto interlocutor, baliza suas próprias incertezas.

O conto *O espelho* reproduz um suposto diálogo entre suas personagens, o que implica a ideia de que é preciso mais que o intelecto para decifrar e o conto vai se estruturando em torno desta tensão à medida que a experiência e a aprendizagem, daí advinda, avançam. E o narrador faz de sua travessia o espelho de sua angústia em que se infiltram diferentes pontos de vista (os diálogos consigo mesmo, com seu suposto ouvinte e com nós leitores).

E o ato de narrar, em sua função catártica, só tem sentido "completo pela sua inscrição na consciência de quem capta a narrativa" (GROSSMAN, 1988, p. 49) que se cruzam e se alternam, produzindo ações na ordem do inexplicável, entrecortadas pelo simbólico e transcendente (ainda que o personagem se reconheça um racional): "Não se esqueça, é de fenômenos sutis que estamos falando. [...] eu perseguia uma realidade experimental, não uma hipótese imaginária" (OE, p. 66/69). Contar esta experiência leva o narrador a transitar entre o pensamento lógico e intuitivo e isto toma-lhe tempo e esforço. Também para ele trata-se de um assunto de *alta transcendência*, ainda que o narrador oscile entre estes as beiradas do racional e do inexplicável. Ele joga com todas as possibilidades, fazendo conviver objetividade, subjetividade e transcendência no mesmo espaço narrativo.

O ato de narrar, a partir da rememoração das experiências do narrador, portanto, detona no instante "dramático em que se conta a narrativa, dúvidas filosóficas e sensações místicas oriundas de seu passado vivenciado" (NASCIMENTO, 1988, p. 122). Entre o passado (plano do narrado) e o presente (plano da narração), o seu relato refaz todo o percurso de sua experiência, ou seja, a cada passo dado, abstrai da sua "imagem refletida no(s) espelho(s), tudo o que fosse acréscimo para chegar ao eu essencial" (NASCIMENTO, 1988, p. 122). Ele relata sua experiência tantas vezes quantas foram necessárias à apreensão deste conteúdo existencial. E no seu caminho motivado pelo conhecimento (sentido de viver e de redenção), arrisca ir além de Platão (427 a.C.–347 a.C.), pois o transcende, não se aprisionando ao intelecto. Importa, portanto, entre a fala e a escuta, elaborar as dores, o medo e o ódio para chegar a salvo *às margens da alegria*. E insinua que tudo, aliás, "é a ponta de um mistério. Inclusive os fatos. Ou a ausência deles [...] Quando nada acontece, há um milagre que não estamos vendo" (OE, p. 65).

Rosa reafirma a sua crítica à visão racionalista, enquanto possibilidade única de captar a realidade, que por sua natureza múltipla e dinâmica rompe com esta hegemonia da tradição ocidental e aponta para via da transcendência e do mito, alternando *raciocínios e intuições*, ou seja, abrindo outros caminhos, cujos mistérios desafiam a lógica, não se submetendo aos limites do possível e do provável. E o leitor, espantado, hesita entre uma explicação natural e fantástica da *estória*. É a dúvida se instalando nos leitores de Rosa. O tema do espelho parece levar inevitavelmente à transcendência, que desliza pelo conto, como a nos advertir da fragilidade da ciência para dar conta do enigma humano:

> Como é que o senhor, eu, os restantes próximos, somos, no visível? [...] Se nunca atentou isso, é porque vivemos, de modo incorrigível, distraídos das coisas mais importantes. E as máscaras, moldadas nos rostos? [...] não se esqueça, é de fenômenos que estamos tratando [...] a espécie peleja para impor ao latejante mundo um pouco de rotina e lógica, mas algo ou alguém de tudo faz frincha para rir-se da gente... E então? Satisfazer-me com fantásticas explicações? Que amedrontadora visão seria então aquela? Quem o Monstro? (OE, p. 65/6/7).

E assim, o narrador, entre dúvidas e explicações, entretém seu interlocutor (ou a ele mesmo?), desafiando explicações teóricas e místicas sobre os espelhos e seus reflexos e do quanto o medo que os espelhos provocam nos homens está fundado em crendices e tem sua origem no mito de Narciso: "Tirésias, contudo, já havia predito ao belo Narciso que ele viveria enquanto a si mesmo não se visse... Sim, são para se ter medo, os espelhos" (OE, p. 66/7). Ainda que o conto pareça ser um mito às avessas, afinal ele não se enamora de sua imagem, apenas a teme e a estranha, vê, não o belo, mas a feiúra – a monstruosidade do seu ser, a inventividade de Rosa está justamente em, ao se opor ao mito, atualizá-lo no que há de mais profundo e misterioso, ou seja, o homem ao descobrir-se estranho (o feio como algo provisório e externo) refaz o seu caminho, despoja-se do ódio, decompõe-se e despindo-se das tantas máscaras quanto forem os espelhos. A monstruosidade vem do excesso de máscaras (OLIVEIRA, 1998, p. 115) até a alegria de saber-se. Talvez ai resida o encontro com o belo, não na dimensão narcísica, mas pela via de poder "transveberar o embuço, a travisagem daquela máscara, a fito de devassar o núcleo dessa nebulosa - vera forma [...] até a total desfigura" (OE, p. 68/7) e assim é devolvida ao personagem de Rosa a plenitude que se esconde no disfarce do seu rosto exterior:

> Ninguém se acha feio: quando muito, em certos momentos, desgostamo-nos por provisoriamente discrepantes de um ideal estético já aceito [...] O que se busca, então é verificar acertar, trabalhar um modelo subjetivo, preexistente; enfim, ampliar o ilusório, mediante sucessivas capas de ilusão (OE, p. 68).

A alusão à alma como metáfora do espelho se inscreve, também, na ordem do sobrenatural, tão a gosto de Rosa, mas ao identificá-lo, como querem *outros*, com a sombra do corpo, o escritor também, não escapa a *polarização luz-treva* e remete o leitor ao mito da caverna. Mas Rosa não se satisfaz em apenas reproduzir o mito, ele o recria, alargando a discussão filosófica em torno da alma e do processo de conhecimento que transcende em "ímpetos espasmódicos, relampejados entre miragens: esperança e memória" (OE, p. 71). A escuridão vem, também, do abafamento do eu recoberto por tantas máscaras: "À medida que trabalhava com maior maestria, no excluir, abstrair e abstrar, meu esquema perceptivo clivava-se [...] a modos de couve-flor ou bucho de boi, e em mosaicos, e francamente cavernoso, como uma esponja" (OE, p. 70).

E neste percurso: "[...] comecei a procurar-me - ao eu por detrás de mim - à tona dos espelhos [...] em seu lume frio" (OE, p. 67), envolvendo trabalhos, paciência e dores, ele recorre a toda sorte de *astúcias* para chegar ao seu aspecto formal: "[...] o rapidíssimo relance, os golpes de esguelha, [...] a finta das pálpebras, a tocaia com a luz de repente acesa, aos ângulos variados, incessantemente" (OE, p. 68). E à medida que o espelho lhe revela ódio, medo, orgulho, dores, sentimentos que só lhe pertenciam, sabe-se múltiplo e prenhe de mistérios, o que só reforça seu desejo de devassar o núcleo e assim, neste adensamento, reconhecer seus traços mais primitivos – *lastro evolutivo residual.* Neste ponto do experimento, em meio a tantas hipóteses, outra metamorfose. A figura do narrador "reproduzia-se-lhe lacunar" e, ao se dar conta que o "espelho materializa ideias e sugestões de outrem [...] sem conexões nem fundura" (OE p. 70), seu corpo dói, primeiro sintoma de sua angústia. Por medo e cansaço, dá um tempo, mas a despeito de sua desistência, o espelho resiste e persiste nas dobras do seu inconsciente:

> Um dia... [...] me olhei num espelho e não me vi. Não vi nada, só o campo liso, à vácuas, aberto como o sol, **água limpíssima**, à dispersão da luz, tapadamente tudo. Eu não tinha formas, rosto? Apalpei-me, em muito. Eu era – o transparente contemplador?... Tirei-me. Aturdi-me, a ponto de me deixar cair numa poltrona. [...] Para sempre? Voltei a querer encarar-me. Nada. [...] eu não via os meus olhos. No brilhante e o polido nada, não se me espalhavam nem neles (OE, p. 70; grifo da autora).

Aqui se prefigura o ponto nodal do conto, ao completo esfacelamento do personagem o narrador fica imperceptível, e, mais uma vez, muito significados aí se entreabrem aos tantos sentidos da obra roseana. Trata-se de um mero escape a uma realidade tão cerceadora e limitada? Um recurso ficcional para impregnar o espírito do leitor de uma atmosfera do mistério? Ou é tudo isso e mais o que a própria fala do personagem sugere: "despojara-me [...] até a total desfigura [...] Seria eu um des-almado?" (OE, p. 71).

O espanto sobrevém do vazio da imagem que não mais reflete, da pergunta visceral sobre a vida e das múltiplas e estranhas formas que o espelho lhe oferece. A saída primeira é a cegueira (como Édipo) para fugir da consciência, segundo Copas (1996), do que ele foi e do que é. Atravessa a dor para depois renascer, como Riobaldo "debruçado na janela para não ver o mundo" (ROSA, 1986, p. 531), quando avista o corpo morto de Diadorim.

A leitura de Mendonça (1996, p. 26), por outro lado, reafirma a ideia de que "a ausência de imagens se destaca pela potência de escapar aos códigos instituídos e criar outras possibilidades de expressão". Já para Lins (1996, p. 29) "o Eu talvez não passe de uma ideia que se separou da alma. Oculto em dimensões profundas, esconde-se tão bem que sua extraordinária capacidade de desmascarar-se, tanto pode apresentar um significado quanto outro". *A perseguição prossegue,* instigando o narrador à cata de sentido.

Um pouco antes, à página 69, ao afirmar que perseguia uma realidade "experimental, não uma hipótese imaginária", o narrador, de alguma forma, hesita para escapar à decifração dos mistérios apenas no campo da ciência e da técnica. Falar sobre isso lhe daria quem sabe, um livre arbítrio para buscar suas explicações por insuspeitáveis caminhos: "Mas, o senhor estará que desvario e desoriento-me, confundindo o físico, o hiperfisico e o transfísio, fora do menos equilíbrio de raciocínio ou alinhamento lógico – na conta agora caio (OE, p. 70).

Os "estranhos experimentos", sugere Bolle (1973, p. 88), empreendidos pelo personagem "giram em torno das possibilidades da percepção, da imaginação, da experiência linguística" e a fala do narrador confirma a base desta sua afirmação: "[...] a vida consiste em experiência extrema e séria [...] por precisarem de toque e timbre novos as comuns expressões adormecidas..." (OE, p. 72). É a linguagem de Rosa espelhando a incessante busca do homem por uma realidade mais funda.

Olhar e desejos são indissociáveis e o narrador olha e deseja além do que o espelho reflete, ultrapassando a razão, deixa que seus olhos se abram a todos os sentidos. O caminho é árduo e sofrido Exaurido, abandona, mais uma vez, sua experiência, mas defronta-se, de novo, com o espelho que lhe devolve uma imagem, quase sombra, que, só aos poucos, vai se delineando:

> O tênue começo de um quanto como uma luz, que se nublava, aos poucos tentando-se em débil cintilação, radiância. Seu mínimo ondear comovia-me, ou já estaria contido em minha emoção? Que luzinha, aquela que de mim se emitia, para deter-se acolá, refletida, surpresa? (OE, p. 71).

O narrador ultrapassa todos os seus limites até alcançar a luz (resultado místico de sua investigação?). O espelho é seu guia. Sem este olhar, arrancado de suas entranhas, ele não se encontraria, "já amava [...] já aprendendo a alegria" (OE, p. 72). O ódio se dissolve no sofrimento e se transfigura em amor. Precisa desta luz para viver (de alguma forma, o conto retorna ao mito de Narciso), se o espelho não o refletisse, iluminando-o e trazendo este ser amoroso que renasce – *um rostinho de menino*, de menos que – menino, só, o personagem, talvez, não se ultrapasse. Sua flor é *pelágica e abissal*. Trata-se, sem dúvida, de outra beleza, mas Narciso e o personagem desse conto não escaparam ao olhar do outro, não importa de onde tenha vindo, se do grande Outro, de miragens, de alucinações de si mesmo, da loucura ou de uma revelação divina. Não importa, faz parte da própria condição humana.

No final, a personagem é salva, desembaraça-se de um peso – as máscaras – e sua vida é garantida pela visibilidade de outro reflexo no espelho – "um rosto de quase – menino – mal emergindo, qual uma flor pelágica, de nascimento abissal" (OE, p. 72), que o acolhe e lhe abre o caminho da inocência e sabedoria para recomeçar *numinoso*. Enquanto a metamorfose de Narciso em *menino/flor* significa uma regressão (ao mundo vegetal, não humano, à escuridão), em Rosa representa a luz, o nascimento, a morte de um mundo "desordenado, artificial e estéril" (ARAÚJO, 1998, p. 24).

Menino, motivo recorrente na obra de Rosa, nas *Primeiras Estórias*, a sua presença *numinosa* emoldura o primeiro (*As margens da alegria*) e o último (*Os cimos*) contos. Dizem de um mesmo menino que, ao passar pela dor e tristeza, recupera a alegria e a esperança à luz de sua pureza e alegria, reconciliando-se com o mundo. *O espelho*, marco divisor, ocupa o centro, espelhando esses dois momentos. A passagem do menino, prefigurando a inocência, coincide com a busca existencial do narrador. Só à infância, lugar mais próximo da verdade, é dada ver os objetos luminosos.

Depurando o ódio/mal, abre-se o espaço para o amor. O narrador se aquieta e aceita sua condição, fortalecido para desafiar a vida. Não há escapatória diante das forças estranhas.

A solidão aparece em Rosa. O conto deixa entrever que o encontro mais profundo do homem consigo mesmo se dá sem partilha. Só foi a condição do encontro entre narrador e menino ou o sentido de só vem apenas sublinhar que ele viu não mais que um *rostinho de menino*? A visão de uma luz reconduz a narrativa para a zona do mistério e do simbólico (ou do sobrenatural?). A disputa entre forma e elemento anímico, articulados no plano da narrativa se resolve com a entrada do místico. No final, a personagem se dirige ao interlocutor: "Solicito os reparos que se digne dar-me, servo do senhor, recente amigo, mas companheiro no amor da ciência, de seus transviados acertos e de seus esbarros titubeantes. Sim?" (OE, p. 72). O leitor hesita sobre o que permanece em cena ou como bem diz Nascimento (1988, p. 123) a hegemonia da religião sobre a ciência se relativiza no plano presente da narração com o convite ao interlocutor para auxiliar na verificação da experiência, como um embate entre as forças racionais e místicas. O conto oscila entre uma "racionalidade e um forte componente intuitivo e místico", recurso fortemente recorrente na obra de Rosa. Ao fechar o conto com a indagação Sim?, o narrador reintroduz a dúvida nele próprio e no leitor.

É tomando, portanto, o espelho como signo de toda uma tradição secular que tem suas raízes n'*As metamorfoses* de Ovídio (43 a.C.–17 d.C.) que Rosa reescreve mitos e símbolos que se abrem a novas e inquietantes leituras sobre a alma humana e toma, com maestria, a experiência do cotidiano como uma forma de contrapor realidade e mistério, conhecimento e transcendência. E é precisamente a partir de fatos vivenciados por seu personagem que Rosa constrói sua narrativa e devassa a sua alma.

O conto, em seu conteúdo denso e complexo, sintetiza a expressão da alma que ao se buscar, se esgarça e se transfigura para, quem sabe, renascer redimido de suas impurezas e imperfeições quando banhada pela luz do conhecimento.

O duplo aparece no conto, não como uma contrapartida corpórea, mas configurado em um embate especular entre duas ou mais subjetividades. Em Rosa, para além da duplicidade, o homem se desdobra em muitos, até alcançar a sua unidade. O conto arrebata pela sua linguagem transgressora, pela densidade e capacidade de permanente diálogo com sua narrativa, apontando-nos, sempre, com a esperança no *homem humano*.

O ato "de narrar se completa pela sua inscrição na consciência de quem capta a narrativa", diz bem Grossman (1988, p. 49), e neste sentido, o conto acedia e seduz seus leitores de tal forma que o envolvimento na trama da narrativa conduz quase sempre a um jogo de mútua atração e tensão que se sustenta até o desfecho da história. Atado um ao outro, narrador e leitor percorrem a narrativa, sob um clima de suspense e, o leitor, no intervalo de uma cena e outra, espera dilacerado pelo final e sua ansiedade só se aplaca com a última cena.

A travessia do personagem/narrador de Rosa serve-se de sua própria experiência para chegar a si mesmo – a sua identidade. A personagem passa do *olhar ao ver, do não saber ao saber*, trazendo à tona suas pulsões de vida e morte (amor e ódio). Ao abrir-se na busca existencial, a personagem decompõe sua imagem até a exaustão para reencontrar a sua essência perdida. Essa travessia sinuosa e perigosa implica sofrimento e a superação do sentimento de hostilidade que atormenta sua alma. A personagem do conto de Rosa, ser hesitante, caminha para a *outra margem*, transcendendo o que o aprisiona. Deixa entrever que, a despeito de suas múltiplas máscaras, o homem pode tocar em sua essência mais funda porquanto se constitui um ser de possibilidades e aberto para o amor.

O narrador se deixa atravessar pelo real, pela existência, pelo vazio. Ele é e não é e diante do horror do vazio – ponto do não saber, da não substância –, persegue a possibilidade de experimentar-se – o *eu por detrás de mim*. Rosa avança, não recusa o estranhamento – *aquilo que não sei de mim* –, desafia o vazio, instigado pelo desvelamento do enigma. Há um ponto do não saber que o espelho não reflete, na ordem do não visível. Em Rosa, o narrador, em primeira pessoa, o preenche com a palavra/memória.

A manifestação especular do imaginário tem uma enorme força nesse conto. Poder-se-ia, no entanto, suspeitar que, em Rosa, o personagem frente ao mal estar do estranhamento e vazio da imagem, buscar se avançar no passo do *querer* saber, passo esse vital para a constituição de um saber particular: a interrogação crucial sobre si.

A busca pelo sentido da vida, com seus tortuosos e inextricáveis caminhos, funciona como o espelho de uma linguagem igualmente indagadora e transgressora de Rosa. No conto, o narrador persegue a *vera forma* do igualmente complexo trabalho de criação e se desforma para penetrar sua essência mais funda: "o *salto mortale* [...] toque e timbres novos as comuns expressões, amortecidas..." (OE, p. 72).

Os elementos do sobrenatural, que se insinuam – apenas uma *luzinha, quase menino* –, convivem com o natural, suspendendo a crença na lógica racionalista como única via de acesso aos mistérios da natureza humana. O espelho como ponto de partida (imagem ilusória e múltipla) para encontrar a unidade/verdade/transcendência, provisório ponto de chegada.

Este conto se constitui um desafio frente aos impenetráveis mistérios da alma – vazios que não se especularizam: "O gesto lá estava, mas disperso, esgarçado mutilado. [...] *Você chegou a existir*?" (OE, p. 72).

Rosa apresenta o homem diante do espelho e o personagem revela suas angústias, suas reações, sentimento e desejos. A relação signo/objeto tem para esse escritor uma significação reveladora de seu olhar particular sobre a vida e seus enigmas. Nesse conto, a *escrita de si* volteia entre sombra e luz ou "entre miragens: esperança e memória" (OE, p. 71), como sabiamente confessa o personagem/narrador.

Referências Bibliográficas

ARAÚJO, Heloísa Vilhena. *O espelho*; contribuições ao estudo de Guimarães Rosa. São Paulo: Mandarim, 1998.

BOLLE, Wille. *Fórmula e Fábula*. São Paulo: Perspectiva, 1973.

CORPAS, Danielle. Veredas de Diadorim: a visão trágica no Grande Sertão. In: *Range Rede: Revista de Literatura*. Universidade Federal do Rio de Janeiro, Ano 2, n. 2, 1996.

ENRIQUEZ, Eugéne, Imaginário social, recalcamento e repressão na organização. In: *Revista Tempo Brasileiro*. Rio de Janeiro n. 36/37, jan./jun., 1974.

FREUD, Sigmund. *O Estranho*. Rio de Janeiro: Imago, v. XVII, 1976.

GROSSMAN, Judith. A narrativa sob suspeita: certezas em Grave Sertão: veredas. In: *Revista Estudos Linguísticos e Literários*. Universidade Federal da Bahia, Instituto de Letras, n. 8, dez., 1988.

MENDONÇA, Alexandre. A margem à margem das margens. In: *Range Rede. Revista de Literatura*. Universidade Federal de Rio de Janeiro, Faculdade de Letras, ano 2, n. 2, 1996.

NASCIMENTO, Evando. Guimarães Rosa e seu Grande Sertão: através d'Espelho. In: *Revista Estudos: Linguísticos e Literários*. Universidade Federal da Bahia, Instituto de Letras, n. 8, dez., 1988.

OLIVEIRA, Luiz Claudio V. de. O Eu por detrás de mim: semiótica e Psicanálise em Guimarães Rosa. In: *A Astúcia das Palavras*: ensaios sobre Guimarães Rosa: Pós-Graduação em Letras/Estudos Literários. Belo Horizonte: Ed. UFMG, 1998.

RANK, Otto. *El doble*. Buenos Aires: Ediciones Orión, 1982.

ROSA, Guimarães. O espelho. In: *Primeiras estórias*. Rio de Janeiro: Nova Fronteira, 1988, pp. 65-72.

______. *Grande Sertão: veredas*. Rio de Janeiro: Nova Fronteira, 1986.

La biografía escolar de los docentes. Modos de abordaje y perspectivas de formación

Andrea Alliaud

> *La memoria tiene elementos documentales y elementos ficcionales... Era importante contar la memoria subjetiva y no presentar la memoria en letra mayúscula y objetiva, sino contar ese recuerdo de los rincones, de lo cotidiano, de la vida.*
>
> Albertina Carri

Este trabajo se desarrollará tomando como referencia un estudio destinado a indagar el pasado escolar de quienes son maestros en el presente[1]. La investigación aludida se destinó a abordar la historia escolar vivida por un colectivo particular de sujetos que han pasado por la escuela, como alumnos, y han vuelto a ella para enseñar.

¿Por qué detenerse a estudiar el pasado escolar de aquellos que son maestros en el presente? ¿De qué manera es posible un estudio de tales características? ¿Cuál puede ser la relevancia actual? Son éstas las preguntas que guiarán el desarrollo de esta exposición.

En una primera aproximación al tema de estudio, podemos referir al trabajo pionero de Dan Lortie (1975), *Schoolteacher*, quien afirmaba que en la docencia, la biografía escolar es la "llave" para entender los procesos de socialización laboral que acontecen en las

1 Se trata de: *La biografía escolar en el desempeño profesional de docentes noveles*. Tesis de Doctorado. Facultad de Filosofía y Letras. Universidad de Buenos Aires. Julio de 2004.

escuelas, una vez que maestros y profesores se insertan a trabajar. Es mediante este aprendizaje intensivo que otorga la vivencia escolar previa, como se van formando e interiorizando "modelos de enseñanza" (al decir de Lortie), "saberes y reglas de acción", "esquemas sobre la vida escolar", "pautas de comportamiento" (al decir de otros autores) que resultan potentes en el desempeño profesional posterior, sobre todo en los primeros años. Ante situaciones de incertidumbre y ansiedad, y a la hora de tener que afrontar las situaciones que la práctica profesional plantea, parece prevalecer, en la enseñanza, aquello que implícitamente se aprendió, lo que se vivió, lo que se experimentó, lo que como sujetos "nos" pasó, antes que lo que formalmente se aprendió. Esta intensa fuente de experiencia personal tendrá mayores posibilidades de manifestarse en la medida que las instancias de formación docente la obvien (haciendo como si los maestros y profesores en formación de escuelas no supieran nada) y/o en la medida que no incorpore en su desarrollo vivencias y situaciones prácticas que permitan a quienes se están formando "acostumbrarse" a tomar decisiones y emprender acciones acordes con los desafíos que la práctica profesional presenta. La observación realizada vale, sobre todo, al considerar el desfasaje que en estos tiempos se produce entre las escenas escolares que han vivido los docentes en su época de alumnos y las que tienen que afrontar actualmente siendo docentes.

Al reconocer la importancia que en la docencia tiene la biografía escolar previa, se decidió llevar a cabo una indagación sistemática que permita saber más sobre ella. ¿Qué paso durante ese pasado escolar? o, mejor, ¿Qué les pasó en la escuela a esos alumnos que son maestros en el presente? o, mejor aún, ¿Cómo reconstruyen y significan quienes son hoy maestros ese pasado escolar que han vivido en las escuelas? Pensamos que las respuestas a estas preguntas, que así fueron formulándose y reformulándose en el curso de la investigación, podrían aportar insumos que nos permitan avanzar en la comprensión de la práctica de quienes enseñan y orientar los procesos de formación profesional.

Abordando la biografía escolar

Desde el punto de vista teórico, en la investigación se ha considerado la formación de los docente como un proceso de largo alcance que atraviesa distintas "fases" o trayectos" (BIDDLE *et. al.*, 2000), desde la biografía escolar, a la formación profesional propiamente dicha, hasta la socialización laboral o formación que acontece en los lugares de trabajo: las escuelas. La práctica docente, fue estudiada en su dimensión "ontogenética" (BOURDIEU, 1995), es decir, teniendo en cuenta que las estructuras y esquemas de acción que la orientan se fueron construyendo en el curso de una trayectoria (escolar) determinada, mediante procesos de socialización específicos.

Una aclaración vale para esclarecer la relación entre estos conceptos principales, tal como quedaron planteados en la investigación. Al indagar el pasado escolar con vistas a obtener un conocimiento que nos oriente en el presente, hemos eludido buscar "evidencias" de la biografía escolar entre quienes son docentes en la actualidad. Por el contrario, hemos optado por abordar, desde el presente, la experiencia escolar que los maestros han ido acumulando a lo largo de su recorrido escolar, reparando no tanto en el contenido de lo que verdaderamente aconteció, sino más bien en el significado que ellos le atribuyen. Nos interesamos más bien por las maneras en que los maestros actuales re-hacen, reconstruyen y re-piensan con imágenes de hoy (LARROSA, 2000) sus experiencias escolares vividas como alumnos.

Desde el punto de vista metodológico, se ha optado por la utilización de producciones autobiográficas. Las *autobiografías* parecieron ser herramientas relevantes para abordar la experiencia escolar de los maestros, teniendo en cuenta el encuadre de la investigación.

Las autobiografías junto con las biografías, diarios, cartas, notas necrológicas, historias y relatos de vida constituyen "*géneros narrativos*", en los que se cruzan la influencia de distintas disciplinas, desde la historia hasta la literatura. En la investigación social, la narrativa fue utilizada con el propósito de reconstruir las experiencias personales, conectando entre sí "yos individuales" con los grupos o instituciones sociales que los mismos conforman. Connelly y Clandinin (1995) se refieren a la "investigación narrativa", como aquella que estudia la forma en que los seres humanos experimentan el mundo. Estos documentos "vitales" describen momentos y puntos de inflexión en la vida de los individuos; su uso sistemático promueve la producción de estudios "biográficos" (SAUTU, 1999).

Las narrativas, las biografías y las historias de vida constituyen una forma de recopilación de datos, y como tal la materia prima o el fenómeno que se estudia, pero al mismo tiempo conforman modos de abordaje (CONNELUY, CLANDININ, 1995; SAUTU, 1999). Así es correcto hablar de "investigación narrativa", "investigación biográfica" o "investigación etnográfica", según el método que se utilice. Todas ellas, sin embargo, pueden realizarse a partir de historias, narraciones o relatos (orales u escritos) que produzcan ("cuenten") los sujetos. En principio, y aceptando la distinción entre fenómeno y método, podemos decir que en esta investigación hemos trabajado con historias o *relatos autobiográficos* producidos por maestros noveles[2] acerca de su pasado escolar y utilizamos para su abordaje el *método biográfico- narrativo*: "Contar las propias vivencias y 'leer' (en el sentido de interpretar) dichos, hechos y acciones, a la luz de las historias que los actores narran, se convierte en una perspectiva peculiar de investigación" (BOLÍVAR BOTÍA, 2002: 2).

La investigación biográfica, así como otras formas del género, presenta ciertas particularidades que consideramos fructíferas para nuestro trabajo.

2 La decisión de trabajar como maestros noveles o principiantes, es decir con docentes que contaban con un número acotado de años de desempeño profesional, se debió a que se partió del supuesto de que el trabajo con la experiencia escolar vivida podía resultar más fructífero con aquellos cuya experiencia como alumnos estuviera aún poco transformada o afectada por las vivencias que se van sucediendo con el correr de los años en el desempeño profesional.

En primer lugar, considera la *experiencia vivida* por los sujetos a lo largo del tiempo, lo cual incluye una *selección* de sucesos, personas y situaciones en las que cada uno participó y su *interpretación*, mediada por las experiencias posteriores. Ello quiere decir que quienes narran su experiencia, se remiten no son sólo a los sucesos vividos, sino que esa producción está "filtrada" por las creencias, valores y actitudes del presente (SAUTU, 1999). El relato constituye, de este modo, algo más que un inventario de sucesos y situaciones. Quizás sea ese adicional, lo que permita al narrador darle un sentido nuevo o más profundo a su propia trayectoria (HUBERMAN, 1998).

En las narraciones que realizan las personas acerca de sus vidas, aparece *su visión y su versión de los hechos* sobre la experiencia protagonizada, antes que lo que "verdaderamente" aconteció. En un interesante trabajo referido a la inmigración, Leonor Arfuch (2002) destaca el proceso constructivo, de producción y de creación, propio de los relatos biográficos. En tales producciones se presenta algo que como tal no tiene existencia previa. Constituyen una visión que el sujeto da de sí mismo, más allá de la verdad referencial. De allí que el contenido de los relatos resulte secundario frente a las "estrategias (ficcionales) de auto-presentación" que utilicen los sujetos: "...en definitiva, qué historia (cuál de ellas) cuenta alguien de sí mismo. Esa cualidad autorreflexiva, ese camino de la narración, es el que será, en definitiva, significante" (ARFUCH, 2002). Para la autora, esa visión o versión de sí que producen los sujetos, finalmente, los constituye.

Nuestra investigación sintoniza con tales enfoques, al considerar las autobiografías producidas por los maestros acerca de su pasado escolar, no solamente como una descripción o inventario de situaciones y sucesos vividos, sino como relatos "creados" "interpretados" o significados", en los que se reconstruyen y re-piensan con imágenes presentes las experiencias vividas en el curso de un recorrido (escolar) determinado.

La segunda particularidad de la investigación biográfica, radica en la importancia de ubicar al sujeto "productor" de ciertos sucesos o experiencias, en el *contexto histórico y social* a partir del que producirá su relato. El significado del contexto es crucial para la investigación narrativo-biográfica, entendiendo no sólo las condiciones en que la gente vive, sino también el entorno biográfico individual e histórico.

La historia singularmente vivida en la institución escolar por quienes hoy son maestros, fue recuperada en nuestro estudio considerando el *colectivo social* que todos comparten. Para ello, el instrumento creado comenzaba por ubicarlos en el presente: "actualmente sos maestra/o en la escuela...". A partir de allí, los maestros se remontaban a su trayectoria vivida como alumnos, la que finalmente los condujo de nuevo a la escuela. Se promovió, de este modo, la realización de una narración en la que la vuelta al pasado escolar llevaba implícita la pregunta: "cómo he llegado a ser lo que soy". El yo que se enuncia desde la particularidad busca, al hacerlo, la réplica y la identificación con los otros, aquellos con quienes comparte el "habitus colectivo" (ARFUCH, 2002).

Pero así como la situación presente era compartida, también lo fue el *contexto (escolar)* al que los maestros remitían en sus relatos. Más allá de las vivencias particulares, todos evocaron en sus autobiografías, las experiencias vividas en una *institución común* (la escuela) en la que protagonizaron un proceso formativo. Como vimos, en este pasaje los maestros comenzaron a formarse como tales, teniendo en cuenta no sólo los contenidos formales sino también el/los contexto/s y las situaciones en que los procesos de enseñanza y aprendizaje se desarrollaron. De esta manera, los sujetos se hallaron inscriptos doblemente en un contexto socio-histórico particular: el del momento enunciativo y el que es objeto de rememoración. Sus relatos se "situaron" y se orientaron a un tipo particular de recorrido formativo. Siguiendo a Bertaux (1997) lo que les da coherencia es que ellos relevan un mismo mundo social al que define como "aquel que se construye alrededor de un tipo de actividad específica" (Ibíd.: 5). Retomando a Arfuch (2002), lo que permite encontrar regularidades en la variedad de situaciones relatadas es la referencia a un contexto (escolar, en nuestro caso) común.

La forma y contenido que asumen las narraciones expresan, además, la relación entre la persona y "su" contexto "experiencial" inmediato, ligado (en nuestro caso) a recorridos formativos diferenciales por los que transitaron los distintos maestros. Los relatos producidos contienen hechos, sucesos, personajes escolares y también familiares. La persona aparece en su red de relaciones e interacciones con otros; en este sentido, las producciones biográficas nunca son "unipersonales", los sujetos se perciben y se describen dentro de una colectividad. Además de la existencia de otros, sostiene Sautu (1999), las narraciones reflejan la influencia de la clase social y del género. En términos semejantes Arfuch (2002) plantea que hay "otras voces" que habitan nuestra voz (tradición, cultura, sentido común, valoraciones, creencias, etc.). Las características "diferenciales" de los distintos contextos en los que se desarrollaron las experiencias escolares, fueron consideradas en este trabajo a la hora de interpretar/"objetivar" las "visiones" y "versiones" personales que produjeron los docentes[3].

Inscripta en la línea de estudios biográficos, podemos decir que nuestra investigación intentó *comprender la formación y la práctica docente teniendo en cuenta el contexto escolar común y las trayectorias formativas diferenciales en las que éstas se gestaron, considerando los significados o sentidos que los actuales maestros le atribuyen a esa experiencia vivida en la institución escolar que vivieron como alumnos y a la que vuelven para enseñar.*

Al enfrentarse con cuestiones de significado y comprensión, esta investigación se definió como cualitativa e interpretativa. "Para

3 En la selección de los doce maestros novatos con los que hemos trabajado en esta investigación, además de la inclusión de maestros varones y mujeres, se tuvo en cuenta la variación entre las trayectorias formativas. En principio, esta diferenciación sólo incluyó maestros que recorrieron una trayectoria escolar "pura", es decir siempre dentro del circuito escolarizado (lo cual incluye la preparación profesional en el profesorado de nivel terciario) y maestros que, además, transitaron por instituciones universitarias. Como se verá esta diferencia inicial trajo aparejadas otras variaciones en cuanto al tipo de recorrido transitado y a las representaciones y visiones que presentaron unos y otros docentes.

comprender algo humano, personal o colectivo, es preciso contar una historia", afirma Bolívar Botía (2002). Las autobiografías escolares que realizaron en nuestro estudio doce maestros novatos, se han considerado como narraciones "interpretadas" o "explicadas". Sin embargo, como investigadores nos propusimos analizar e interpretar también esas producciones. Para ello, y basándonos en teorías que trabajan con los relatos de los sujetos, entendimos que esta tarea de interpretación no consiste en develar lo que está oculto, sino en trabajar con los significados producidos, poniéndolos en relación con el/los contextos en el que se produjeron y producen/reproducen. Tales significados constituyen la síntesis entre la identificación (los temas que se abordan) y la predicación (lo que se dice acerca de ellos) (RICOUER, 1999).

Una vez explicitado el enfoque, podemos precisar ahora que intentamos *identificar los temas a los que se referían los maestros al recuperar su experiencia vivida en la escuela (los diferentes momentos de la escolaridad, los maestros y los profesores, las situaciones de enseñanza y aprendizaje, ellos mismos como alumnos y maestros) y lo conjugamos con lo que dijeron acerca de ellos.*

Desde una propuesta metodológica que recupera la versión o la voz de los docentes, acerca de lo que vivieron y protagonizaron en la institución a la que regresan para enseñar, y los contextos en que las experiencias relatadas se produjeron y producen, apelamos a relatos autobiográficos y entrevistas realizadas a maestros noveles en actividad. Utilizamos *autobiografías* como "instrumentos" que consideramos válidos para recuperar el pasado vivido, tal como lo interpretan quienes hoy son maestros, y elaborar nuestras interpretaciones desde sus propios planteamientos; desde "relatos o historias que puestas a dialogar entre sí producen una nueva "trama" que contiene tanto las diferencias individuales y sociales como la impronta del colectivo profesional. Las producciones escritas fueron trabajadas posteriormente a partir de entrevistas "dirigidas" que mantuvimos con cada uno de ellos. Esa instancia tuvo por finalidad "completar" aquello que estaba pautado en el protocolo (guía de la producción autobiográfica[4]), en los casos en que alguno de los ítems hubiera sido omitido, y "contextualizar", mediante preguntas adicionales focalizadas, en aspectos vinculados con el entorno familiar y las características de las instituciones a las que cada uno concurrió.

Antes de finalizar vale aclarar que, en el análisis, el tratamiento realizado sobre las producciones autobiográficas fue doble. Por un lado, los temas que aparecieron en relatos fueron considerados en su recurrencia, identificando los núcleos comunes (tendencias y regularidades) que unían la variedad de las distintas experiencias. Pero, también, los relatos fueron considerados en su singularidad. Para ello, cada "núcleo temático" se contempló dentro de la totalidad de cada una de las producciones, lo que nos permitió relacionar los sentidos y explicar las variaciones entre las percepciones de los distintos maestros. Intentamos, de este modo, recuperar dos tendencias que, antes que contrapuestas, resultan "complementarias" dentro de la tradición biográfico-narrativa. Se trata de lo que Bolívar Botía (2002) denomina un "análisis narrativo propiamente dicho" basado en casos particulares, mediante los cuales se abordan en profundidad los aspectos constitutivos de historias singulares y un "análisis paradigmático" que, sin perder los matices individuales ni las diferenciaciones sociales, contempla los aspectos o núcleos comunes que unen las distintas historias relatadas. Esta "visión binocular" posibilita, según el autor, un retrato de la realidad interna del informante y su inscripción en un contexto externo que aporta significado y sentido a la realidad vivida.

4 El instrumento creado, tuvo por finalidad facilitar la recuperación de la experiencia escolar vivida. Comprendía cuatro apartados: uno referido a la cronología de la trayectoria escolar; otro que reparaba en los principales acontecimientos vividos, tratando de identificar las situaciones más significativas; un tercero que apuntaba a reparar en los aspectos básicos que interesaba indagar (recuerdo de docentes, de situaciones de enseñanza, etc.) y el cuarto, más reflexivo, donde se intentó promover la re-visión sobre la posición actual y la importancia de haber realizado el ejercicio de reconstrucción autobiográfica.

Autobiografías escolares y la transformación de la docencia

Decíamos al comenzar este capítulo que abordar la biografía escolar de los maestros puede contribuir a comprender la práctica docente y también aportar elementos para trabajarla en espacios de formación profesional. Ya desarrolladas las cuestiones metodológicas, no podemos eludir este último aspecto.

Efectivamente, las producciones autobiográficas resultan algo más que "material" para el análisis. Que sean realizadas en cualquier momento de la vida y por los mismos protagonistas, posibilita que su contenido pueda servir no sólo para dejar constancia de una vida, sino también para que el sujeto pueda *tomar conciencia y reflexionar sobre los hechos y experiencias propios*: "narrar la historia propia puede cambiar la vida propia" (DE MIGUEL, 1996: 17).

Al mismo tiempo, los relatos de vida pueden ayudar al desarrollo de la memoria y de la identidad de un colectivo o grupo de individuos. Al contar historias acerca de la enseñanza hacemos algo más que registrar el surgimiento de las prácticas; potencialmente estamos alterándolas, afirma Mc Ewan (1998). La investigación producida en esta línea está, por lo tanto, "inevitablemente orientada hacia la modificación de las maneras de pensar y actuar de los docentes, ya que contribuye a introducir cambios en los lenguajes que constituyen sus prácticas" (Mc EWAN, 1998: 56). Desde la perspectiva de este autor, las "narrativas implícitas" forman parte de las prácticas, las informan. Es por eso que, al recuperarlas, hacemos algo más que registrar hechos del pasado, estamos más bien contribuyendo a comprender el presente. "El compromiso reflexivo no es ocioso sino que sirve para expresar lo que hacemos y por qué lo hacemos" (Mc EWAN, 1998: 250).

Para Bruner (2002) el autorrelato, es una de las poderosas fuerzas que pueden influir en la conducta. A través de la reconstrucción (o interpretación) del recuerdo, es posible hacer inferencias, efectuar predicciones, correr riesgos... "es una forma importante no sólo de tomar en cuenta selectivamente el pasado, sino también de desprenderse de los modos de responder previamente establecidos y de reorganizar las respuestas frente al futuro" (BRUNER, 200: 186). Las historias relatadas representan, así, una orientación hacia el mundo; revelan, en fin, *quién soy yo y dónde estoy parado* y en estas apreciaciones se detectan mitos culturales y tradiciones, además de desarrollos personales.

En relación al tema que nos ocupa, Fernández Cruz (1995) afirma que las experiencias vividas por los docentes, asociadas con su trayectoria escolar previa (visión personal de la escuela, relación con profesores u otras personas significativas), influyen en la manera que los profesores ven la enseñanza. "Estas experiencias tienen para el profesor tantos significados inherentes inmediatos cuantos significados reflexivos posteriores. Así, en cualquier relato de una experiencia pasada, se superpone el significado que atribuyó el profesor a esa vivencia cuando ocurrió, con el significado posterior que se le atribuye en su reconstrucción narrativa" (FERNÁNDEZ CRUZ, 1995: 159).

Para Boughlough y Baughman (1996), no se trata sólo de visiones. En la enseñanza las experiencias personales se manifiestan en situaciones de clase, "la clase de maestros que somos refleja la clase de vida que hemos vivido", sostienen los autores. Desde esta perspectiva, el razonamiento narrativo juega un papel central, posibilitando la reflexión sobre los aspectos manifiestos de la identidad personal, profesional y de su desarrollo, "puede también descubrir y dar forma a una identidad pedagógica". Pero para estos autores, las historias individuales requieren ser comparadas y contrastadas con las historias y "teorías" de otros. Las comparaciones y contrastes se producen entre las historias / "teorías privadas", personificadas, y la teoría pública, a menudo general e impersonal. Al trabajar con las historias individuales (comparándolas, contrastándolas) se produce un primer nivel de teorización. Al trabajar con teorías públicas ambas se enriquecen, posibilitando a los sujetos agudizar la comprensión de los problemas y ver nuevas posibilidades para solucionarlos.

A partir de los aportes mencionados, se comprende por qué las narraciones autobiográficas se han reconocido fructíferas para la formación de la docencia, siempre que se las trabaje mediante la búsqueda de respuestas, asociaciones, contrastaciones, puestas en diálogo y en tensión con la teoría pública, etc. En nuestro caso, si bien las autobiografías fueron utilizadas como instrumentos para la producción de un trabajo de investigación, ello no excluye que a partir del presente estudio puedan desprenderse algunas derivaciones para su utilización de la formación de los futuros docentes.

Haciendo referencia a los resultados del trabajo realizado, podemos decir que el personaje que nuestros maestros compusieron, aún en proceso de definición y formación, parece provisto de un caudal de saber "experiencial" que le permite producir extensos relatos sobre buenos y malos maestros, buenos y malos alumnos, acerca de la escuela, de las instancias de aprendizaje valiosas, y de ellos mismos como profesionales. En sus producciones, los actuales maestros, manifestaron una valoración positiva hacia los maestros "buenos", identificados con los que quieren y tratan bien a los alumnos. Estos docentes *valoraron* fundamentalmente la cercanía del *vínculo afectivo y enfatizaron la dimensión personal* de la tarea. Tal como lo demostraron otras investigaciones (en BULLOUGH, BAUGHMAN, 1996), la confianza que suelen demostrar los docentes, se explica por la consideración de que la esencia de la buena enseñanza radica en el afecto, y los profesores principiantes son, por encima de todo, personas afectuosas, cálidas, cordiales y comprensivas, o por lo menos se ven a sí mismas como tales. El aprendizaje de conocimientos específicos, así como las situaciones de enseñanza y aprendizaje, aparecieron fundamentalmente en las escenas escolares protagonizadas en los niveles medio y superior.

Dentro de este guión general, hallamos matices y aún producciones que manifiestan otras apreciaciones las que, sin embargo, retoman algunos de los elementos mencionados. Notamos en este trabajo que no se trata visiones y valoraciones excluyentes, aunque sí diferenciadas, que se asocian con las variaciones de los caminos transitados, así como con las condiciones laborales actuales que las refuerzan. Es decir, la diversificación de trayectorias formativas (fundamentalmente entre maestros que han salido del circuito escolarizado y maestros que han permanecido en él) que explican visiones y valoraciones diferenciales, se mantiene en los puestos laborales en los que se insertan los distintos maestros. El criterio de "elección", que distingue a los maestros que eligen y son elegidos de los que no, ya vigente durante el recorrido escolar, parece afianzarse en las escuelas donde los maestros trabajan.

Así y todo, en los guiones producidos por nuestros docentes, hemos notado elementos de "lo escolar" (asociados con los orígenes de la profesión de enseñar) que constituyen la estructura básica (el núcleo duro o matriz) a partir de la cual los actuales maestros otorgan significado a la tarea de enseñar. La vocación, la satisfacción personal, el afecto, el cuidado, la atención parecieran revivir y re-editarse en condiciones sociales y culturales concretas por individuos que han tenido historias particulares. Sin embargo, son esos significados culturales que "la" escuela transmite los que constituyen, a nuestro parecer, un anclaje disponible en todos los tiempos y en distintas circunstancias que se recupera (diferencialmente), según los contextos en los que los maestros se formaron y se forman, así como los que enfrentan en el presente. Hay un discurso "escolar" que la escuela mantiene a través de los años y se encarga de transmitir, del que los maestros son sus portadores, cualquiera haya sido el recorrido biográfico realizado.

Podemos sostener entonces que quienes son maestros en el presente, no sólo están formados por la preparación profesional, sino que fueron formados o "formateados" por el paso escolar vivido como alumnos. Lo que se aprende como alumno, afirmaba Lortie (1975), se generaliza y convierte en tradición, constituyendo, así, una poderosa influencia que trasciende las generaciones. Los resultados hallados en esta investigación nos conducen a *concluir* que parece prevalecer una *transmisión de "la" cultura escolar*, que se mantiene en el tiempo y que acontece en todos los recorridos que conducen de nuevo a la escuela, que se produce sin ruptura, ni conflictos y que se re-edita, según las circunstancias que se han vivido y las que se tienen que enfrentar.

Ya sobre del final, insistimos, que mientras esta trama que se ha ido entretejiendo a partir de la propia historia escolar, no sea destejida y revisada en espacios formativos, su potencial formativo permanecerá oculto, dando forma a las prácticas, representaciones y percepciones de los maestros de hoy y de muchos años más. La búsqueda de los orígenes de las prácticas presentes nos conduce, así, al contexto en que la misma se fue gestando (la propia historia escolar) y al origen de la profesión de enseñar que perdura con la transmisión de las generaciones sucesivas. Pero nos conduce también a la situación presente, a conocer cómo ese pasado es re-editado, por maestros concretos en condiciones socio-históricas particulares. Posicionados en el hoy, notamos que lo que resuena "familiar", "perdurable", "escolar", se conjuga con la presencia de cierto malestar, de cierta imposibilidad o impotencia que opaca la tarea específica. Además de las consecuencias individuales que esta dificultad genera, estamos obligados a reparar en las consecuencias sociales que la interrupción de los procesos de enseñanza y transmisión cultural trae aparejada, sobre todo cuando nuevamente dentro de la generalidad se notan diferencias entre maestros, escuelas y alumnos que hacen que estos procesos se vean más afectados en unos circuitos educativos que en otros.

La reconstrucción autobiográfica que hacemos a partir de la memoria, de lo cotidiano, de "ese recuerdo de los rincones", nos llevó a este tipo de planteamientos y conclusiones. La historia subjetiva, tal como se pudo apreciar, no es una historia menor. Convoquémosla, entonces, y otorguémosle la entidad que merece en los espacios destinados a la formación profesional de los docentes.

Referências Bibliográficas

ARFUCH, L. *El espacio biográfico*. Buenos Aires, FCE, 2002.

BERTAUX, D. *Los relatos de vida*. París, Ed. Nathan. (mimeo, Traducción Mónica Moons), 1997.

BIDDLE, B. J.; GOOD, T. L. & GOODSON, I. F. (eds.). *La enseñanza y los profesores I. La profesión de enseñar.* Barcelona, Paidós, 2000.

BOLIVAR, Botía. "¿De nobis ipsis silemus?": epistemología de la investigación biográfico-narrativa en educación" en: *Revista Electrónica de Investigación Educativa*. Vol. 4. n. 1, 2002.

BOURDIEU, P.; WACQUANT, L. 1995 *Respuestas para una antropología reflexiva*. México, Grijalbo, 1995.

BRUNER, J . *La fábrica de historias. Derecho, literatura, vida.* México, FCE, 2002.

BULLOUG, R.; BAUGHMAN, K. "Narrative reasoning and teacher development: longitudinal study"; en: *Curricuum Inquiry* 26. Oxford, Blackwell Publishers, 1996.

CONNELLY, F. M.; CLANDININ, D. J. "Relatos de experiencia e investigación narrativa"; en: LARROSA *et al. Déjame que te cuente. Ensayos sobre narrativa y educación*. Barcelona, Laertes, 1995.

DE MIGUEL, J. "Autobiografías". *Cuadernos metodológicos*. Buenos Aires, Centro de investigaciones sociológicas, 1996.

FERNÁNDEZ CRUZ, M. "Ciclos en la ida profesional de los profesores"; en: *Revista de Educación*, n. 306. Madrid. MEC, 1995.

HUBERMAN, M. "Trabajando con narrativas biográficas"; en: Mc Ewan, H. y Egan, K. (comp.). *La narrativa en la enseñanza, el aprendizaje y la investigación*. Buenos Aires, Amorrortu, 1998.

JACKSON, P. *Enseñanzas implícitas*. Buenos Aires, Amorrortu, 1999.

LARROSA, J. *Pedagogía profana. Estudios sobre lenguaje, subjetividad y formación*. Buenos Aires, Novedades Educativas, 2000.

LORTIE, D. *Schoolteacher*. Chicago. The University of Chicago Press, 1975.

RICOUER, P. *Teoría de la interpretación*. México, Siglo XXI, 1999.

SAUTU, R. *El método biográfico. La reconstrucción de la sociedad a partir del testimonio de los actores*. Buenos Aires, Ed. de la Universidad de Belgrano, 1999.

Narrativa escrita na interface com a pesquisa e a formação de professores

Antônia Edna Brito

Notas introdutórias

O presente texto analisa a utilização da narrativa na pesquisa em educação e na formação de professores. As reflexões sobre as narrativas são tecidas a partir da compreensão de que o narrador, ao rememorar sua história de vida, envolve-se em movimentos de reflexão acerca de suas experiências, o que implica na materialização de processos de reflexão que resultam no autoconhecimento. Implica, ainda, na revisitação das experiências vividas e das práticas de pesquisa e de formação.

Deste modo, realçamos a fertilidade das narrativas escritas nas pesquisas em educação e, de modo especial, sobre a formação e a profissão docente por possibilitarem aos narradores a compreensão do sentido de suas histórias de vida pessoais e profissionais. Comporta ressaltar que a narrativa, no âmbito deste estudo, emerge tanto como fenômeno que se investiga, quanto na condição de método de investigação, conforme propõem Connelly e Clandinin (1995).

Razão por que, emergem reflexões focalizando o potencial das narrativas na formação de professores e na pesquisa neste entorno, a partir das seguintes questões: O que é a investigação narrativa?

Quais as singularidades do narrador? Quais potencialidades da narrativa na formação de professores e na pesquisa em educação? No desenvolvimento do estudo procuramos refletir sobre esses questionamentos ao analisarmos as potencialidades dos diários da prática e dos memoriais na pesquisa e na formação de professores.

Narrativas... escritos pessoais: dimensões investigativas e formativas

As reflexões organizadas neste texto têm como diferentes experiências investigativas no campo da formação de professores com articulação entre saberes, docência superior e desenvolvimento profissional docente, apresentando-se a narrativa como suporte metodológico para demandar os mencionados estudos. Estas pesquisas vinculam-se ao *Núcleo de Estudos e Pesquisas sobre Formação e Profissionalização Docente* (NUPPED–PPGEd–UFPI).

Os estudos desenvolvidos sob a coordenação do NUPPED apoiam-se, de ponto de vista teórico-metodológico, nos pressupostos da abordagem (auto)biográfica, por considerar que "[...] cada participante procura reflectir sobre seu próprio processo de formação e tomar consciência das estratégias, dos espaços e dos momentos que para ele foram formadores ao longo de sua vida" (FINGER e NÓVOA, 1988, p. 11). O narrador, neste sentido, ao escrever acerca de suas experiências aprofunda suas reflexões sobre os caminhos trilhados, sobre as histórias tecidas nas experiências cotidianas. Quem escreve evoca, portanto, os contornos de sua existência, re-cria suas histórias e estabelece conexões entre passado e presente. Escrever sobre a formação, por exemplo, oportuniza a reflexão sobre o desenrolar dos processos formativos no contexto onde se desenvolvem, ou seja, no calor das experiências vivenciadas.

No interior das pesquisas mencionadas, destacamos a utilização do diário da prática e do memorial como instâncias potencializadoras de reflexões acerca dos percursos, das vivências formativas/

acadêmicas dos professores, isto na conotação por nós empregada nos referidos estudos. Assim, para dar vida a estas tipologias textuais muito próprias à pesquisa narrativa, recordemos, preliminarmente, que é inerente ao escrito narrativo visitar o passado, vislumbrando contextualizar o tempo presente.

Fatalmente, o passado se torna presente nesse feitio textual, cuja consolidação decorre do cruzamento de lembranças e relembranças das histórias que configuram nossos caminhos de professores, nossos caminhos de formação, de estudos, de trabalho, que ao serem re-visitados vão tornando possível a emergência de uma singular tessitura narrativa propiciada pela fecundidade do exercício do autoconhecimento que se materializa pela escrita do memorial (LIMA, 2003).

A narrativa possibilita, portanto, o desenvolvimento tanto da consciência sobre as experiências vivenciadas, quanto o autoconhecimento situando o narrador como sujeito de sua própria história (SOUZA, 2006). Com essa compreensão, percebemos que a narrativa possibilita a reconstituição de processos históricos e socioculturais vivenciados nos diferentes contextos da formação e do exercício da profissão docente.

Diferentes autores, Souza (2006 e 2008), Dominicé (2008), entre outros, referem sobre a importância da pesquisa narrativa por configurar-se como modalidade investigativa que articula processos de autoconhecimento, de formação e de produção de conhecimentos. Ou seja, percebem a narrativa como valiosa ferramenta de pesquisa e de formação docente, por desafiar o narrador a revistação do passado, produzindo sentidos sobre o presente. O narrador, nesta acepção, refaz os caminhos percorridos, rememora as histórias vividas, revisita, através da reflexão sobre si e sobre as experiências vivenciadas, os percursos de vida pessoal e profissional.

No interior das pesquisas mencionadas, destacamos o memorial e os diários da prática como instâncias potencializadoras de reflexões acerca dos percursos, das vivências formativas/acadêmicas dos professores, isto na conotação por nós empregada nos referidos estudos. Assim, para dar vida as estas tipologias textuais muito próprias à pesquisa narrativa, recordemos, preliminarmente, que é inerente ao escrito narrativo visitar o passado, vislumbrando contextualizar o tempo presente.

Fatalmente, o passado se torna presente nesses feitios textuais, cuja consolidação decorre do cruzamento de lembranças e relembranças das histórias que configuram nossos caminhos de professores, nossos caminhos de formação, de estudos, de trabalho, que ao serem re-visitados vão tornando possível a emergência de uma singular tessitura narrativa propiciada pela fecundidade do exercício do autoconhecimento que se materializa pela escrita do memorial (LIMA, 2003).

Neste caso, dizemos como Josso (2004), Souza (2006) e outros que o memorial, no âmbito dos "escritos de si" dá visibilidade, ao protagonismo do narrador, ao prestar-se como meio de registro das particularidades e singularidades que marcam e identificam cada trajetória, visto que "[...] narrar nossas histórias é, portanto, um modo de dar a nós mesmos uma identidade". (NOGUEIRA; PRADO; CUNHA; SOLIGO, 2008, p. 172).

Isto posto, diz-se que escrever um memorial representa um exercício individual de ativação da subjetividade (no que diz respeito às lembranças), portanto, no campo do que pertence unicamente ao pessoal, ao particular. Reforçamos, desse modo, que cada memória é única e, de fato, é o que constitui a identidade à qual nos referimos. Por conseguinte, ao refazer a caminha de vida e formação (de formação e atuação profissional), o narrador-professor pode, se assim o desejar, diante desse movimento reflexivo, rever suas opções, ressignificando-as como diz Passegi (2010) em seus escritos acerca do memorial.

Escrever memorial como um recurso coadjuvante nas pesquisas sobre formação de professores e práticas pedagógicas é colocar em realce a autoria docente e a importância dos escritos de professores para a preservação de arquivos pessoais e de arquivos escolares como forma de visualizar a diversidade de documentos que podem evidenciar que os profissionais da educação, notadamente os professores, não se limitam na sua cotidianidade somente a ensinar a ler e a escrever, mas, igualmente, estão construindo a sua história profissional.

Na verdade, os professores são produtores de textos, de textos variados, às vezes, inusitados, que projetam sonhos, testemunham dificuldades, eternizam práticas, registram memórias de escola, de leitura, de vivências escolares, de práticas pedagógicas, que, no geral, contribuem para ampliar a discussão sobre a mencionada autoria docente, assim é que surgem os memoriais, as narrativas de vida e formação, os diários narrativos, entre outros instrumentos de produção de dados nas pesquisas qualitativas.

Reiteramos, pois, que na vida acadêmica escrever é fundamental, inclusive porque o registro da palavra escrita não deixa de ser uma forma de expor o seu autor. Logo, entendemos que um Memorial é uma reconstrução da experiência vivida, da continuidade de vida e que expressa os eventos e ideias singulares dessa vivência.

Escrever um memorial supõe reflexão prévia, caracteriza-se como um registro ordenado de ideias, que, no seu fluxo natural de narrativa possibilita ao sujeito revisitar seus estudos e aprendizagens ao longo do tempo, oportunizando a esse sujeito não só a capacidade de se expressar, mas também a oportunidade de autorrever-se na ação desenvolvida, nos estudos empreendidos, nos trabalhos e conhecimentos produzidos, enfim, acerca de suas aprendizagens na vida e na Academia. Na verdade, é como refere Bastos:

> O memorial, o escrito em que alguém conta e reflete sobre sua vida, depende do grau de implicação de cada participante, do desejo e da capacidade de fazer memória da sua vida e de significar vivências; assim, constitui-se em uma história de vida (2003, p. 169).

Portanto, um memorial é relato escrito de forma abrangente, que implica descrição, análise, interpretação das memórias selecionadas dos conhecimentos produzidos e das aprendizagens auferidas. Memorial é um texto. É um percurso. É uma trajetória. É um movimento feito de várias trajetórias, e, cuja tessitura, pela trama, seus traçados e trançados, produz um tecido denso, resistente e, em geral, de bela estamparia: que pode ser a vida pessoal, profissional, ou a vida acadêmica (LIMA, 2003).

Conceitualmente, acrescentamos, memorial configura um documento escrito de natureza subjetiva, no qual sintetizamos nossa história pessoal, intelectual e profissional. Compreende um olhar retrospectivo, um movimento que consiste em contemplar o passado, com o olhar de hoje, na perspectiva de delinear um percurso de vida, o que implica afirmar:

> [...] escrever/ler memoriais possibilita repensar a prática educativa na perspectiva de que a vida é o lugar da educação e a história de vida o terreno sobre o qual se constrói a formação. É um recurso de reflexão, um processo de leitura diacrônica de mundo, de leitura de processo de construção de si (BASTOS, 2003, p. 179).

Para a produção de um memorial, a rigor, não há a exigência de um formato estrutural pré-definido. O formato estrutural de um memorial é definido pelo seu construtor-elaborador, o que faculta, a cada pessoa, escolher os ângulos e as trajetórias de vida acadêmica que integrarão seu texto memorialístico.

Os diários, de modo similar ao que ocorre em relação ao memorial, emergem, também, como instrumentos de produção de dados na pesquisa e de acompanhamento das experiências de professores em formação, permitindo que se empreenda uma leitura crítica das dificuldades enfrentadas por eles no trabalho pedagógico, como também permitindo a caracterização da experiência profissional como fonte privilegiada de produção de conhecimentos, explicitando as peculiaridades do saber-fazer docente e, principalmente, situando os professor enquanto sujeitos produtores de conhecimentos sobre o ofício que desenvolvem.

Os diários da prática pedagógica contribuem para a obtenção de registros a respeito do exercício docente sobre os dilemas que enfrentam no cotidiano do trabalho docente e sobre como percebem e resolvem esses dilemas. Os diários nesta e em outras circunstâncias são aliados importantes, pois expressam as ideias dos professores sobre sua atuação na aula, constituindo-se num instrumento de reflexão sobre a prática. "É o diálogo que o professor, através da leitura e da reflexão, trava consigo mesmo acerca de sua actuação nas aulas. A reflexão é, pois, uma das componentes fundamentais dos diários dos professores." (ZABALZA, 1994, p. 95)

Na análise de Darsie (1998), a utilização de diários reveste-se de grande importância posto que através deles os sujeitos/atores fornecem em primeira mão as informações que se buscam no processo investigativo. No entanto, alerta que ao se utilizar os diários convém ter certos cuidados diante dos registros feitos, a fim de que estes registros, verdadeiramente, possam ser relevantes no contexto da pesquisa.

Neste aspecto, concordamos com a autora, pois verificamos que narradores podem, a princípio, sentir certas dificuldades na elaboração de diários da prática pedagógica. As anotações dos diários poderão assumir contornos de meras descrições metodológicas do trabalho docente, mas poderão, ainda, assumir a dimensão reflexiva, revelando pensamentos e análises críticas acerca das experiências docentes. Zabalza (1994, p. 111), sobre essa questão, afirma que "[...] não se pode falar em bons ou maus diários", mas devemos considerar que o potencial formativo/informativo dos diários pode variar conforme os diferentes níveis de reflexão/informação neles contidos.

O autor faz referência, ainda, à variedade de formas dos diários, lembrando que relatos de professores podem contemplar focos diversos, incluindo descrição de horários/organização de atividades, narração minuciosa de tarefas desenvolvidas, podem fazer referências às características dos professores ou conter reflexões sobre o trabalho pedagógico desenvolvido na escola.

É importante considerar que a utilização das narrativas, conforme as experiências que desenvolvemos, estabelece nexos entre presente, passado e futuro, o que, sem dúvida, possibilita ao narrador perceber o significado de suas histórias de vida em sua constituição identitária e na construção/(re)construção de seus conhecimentos, de suas práticas profissionais e de formação. Não obstante, comporta lembrar que a narrativa:

> [...] tem como objetivo principal, segundo o que é pedido, falar da experiência de formação. Relativamente à narrativa de vida, presume-se que a narrativa de formação apresente um segmento da vida: aquele durante o qual o indivíduo esteve implicado num projecto de formação (CHENÈ, 1988, p. 90).

No que concerne a escrita dos diários da prática, a narrativa pode apresentar uma riqueza de detalhes e ter grande importância na formação de professores ao desencadear a revisitação de suas crenças, de suas concepções e o aprofundamento de suas percepções acerca dos significados dos fatos e acontecimentos vividos. Escrever sobre si e sobre as experiências vivenciadas contribui com a racionalização e a reconstrução dessa experiência (ZABAlZA, 2004).

Aventura de escrever:(re)visitando potencialidades das escritas narrativas

No contexto dos estudos e pesquisas desenvolvidas no NUPPED, a utilização da narrativa se materializa através da pesquisa e da formação, pensada em face de seu potencial para desencadear o pensar reflexivo, pois envolve o narrador em contextos de revisitação e de análise de sua trajetória pessoal e profissional, bem como permite descobertas sobre o que realmente foi significativo nas trajetórias construídas histórica e culturalmente pelos narradores. O pensar reflexivo, por um lado, favorece o autoconhecimento, a tomada de consciência acerca dos processos formativos, da profissão docente, dos modos de pensar, de ser e da construção da professoralidade.

O pensar reflexivo, por outro lado, avulta como condição para apreensão da realidade social da formação e das práticas de ensinar. Através das narrativas é possível investir na reflexão na e sobre a ação, envolvendo os docentes na leitura/análise crítica e coletiva de suas experiências e, por conseguinte, de suas histórias de vida profissional, compreendendo-as como práticas sociais multidimensionadas. Enfim, nessa perspectiva de reflexão crítica e coletiva insere-se a premissa de que os professores se apoiam mutuamente ao partilharem conjuntamente problemas e práticas, produzindo um acervo de saberes teórico-práticos que vão ao encontro das exigências e das necessidades postas no fazer profissional.

A partir do exposto, realçamos que as investigações desenvolvidas em nosso grupo de pesquisas têm os professores como protagonistas de histórias singulares que não podem ser silenciadas e inserem-se no contexto das autobiografias e das histórias de vida. Trata-se de pesquisas que se colocam como ousadia principal a construção de conhecimentos, articulando pesquisa e formação. Assim, as propostas desenvolvidas oportunizam aos professores, seja através da escrita de memoriais de formação, seja através dos diários da prática narrar suas experiências e vivências.

A narrativa, assim delineada, caracteriza-se como relato retrospectivo pessoal, referentes a fatos e a acontecimentos que foram significativos e constitutivos das experiências vividas. Portanto, diante da consideração de que as narrativas, na concepção de Souza (2006), compreendem um processo formativo e autoformativo, através das experiências dos sujeitos em formação inicial e continuada e, por conseguinte, viabilizam o desenvolvimento e a reconstituição "[...] de processos históricos e socioculturais vividos pelos sujeitos em diferentes contextos" (SOUZA, 2006, p. 24).

No âmbito das pesquisas desenvolvidas sob os auspícios de nosso grupo de estudos e pesquisas, temos empregado diferentes tipos de narrativas, por exemplo os memoriais e os diários, como ferramentas que potencializam experiências formadoras e autoformadoras, bem como que oportunizam a produção de uma grande diversidade de dados que expressam tanto aspectos objetivos, quanto subjetivos da realidade investigada e dos sujeitos da investigação. As temáticas estudadas, a partir da pesquisa narrativa, referem-se à formação inicial, aos saberes docentes, a autoformação e ao desenvolvimento profissional de professores. É interessante realçar que a escrita das narrativas ocorre como decorrência das interações entre os diferentes sujeitos implicados na pesquisa.

Entendemos que a narrativa expressa singularidades do narrador, colocando-o em atitude de análise e de reflexão, na re-significação de si mesmo e das diferentes trajetórias delineadas em suas histórias de vida. Assim, no processo de formação docente, no desenvolvimento da disciplina Prática de Ensino (e em outras correlatas), utilizamos as narrativas, pois compõem recursos fecundos através dos quais os sujeitos tematizam sobre as trajetórias formativas e expressam seus pensamentos acerca da formação, da prática pedagógica e do ser professor.

No transcurso da disciplina, em um primeiro momento, os estudantes são mobilizados para a escrita de suas histórias, utilizando, inicialmente, o memorial como fonte de revisitação da trajetória pré-profissional e do percurso de formação. Cada narrativa retrata as singularidades dos sujeitos, revela aspectos peculiares e/ou marcantes dos processos formativos, notadamente tendo como foco as conexões entre a formação e os saberes da profissão docente.

Retrata ainda que "[...] a rememoração é um processo associativo que se refina e se enriquece com as outras narrativas e com as questões suscitadas por cada narrativa, tanto da parte dos animadores como dos participantes" (JOSSO, 1988, p. 42). Razão por que a escrita dos memoriais pressupõe o desafio da reflexão a respeito dos diferentes contornos da formação, o que pressupõe que os estudantes figurem como protagonistas da própria formação, como sujeitos que podem assumir as rédeas de seu desenvolvimento profissional e de suas aprendizagens.

Em outro momento da disciplina, quando do encontro com as práticas de ensinar, os estudantes iniciam a escritura dos diários da prática. Os diários são produzidos como fontes de expressão dos desafios, dos sentimentos, das tensões e das possibilidades inerentes à vivência da prática pedagógica no contexto da sala de aula, bem como para realçar aprendizagens e saberes docentes mobilizados e/ou elaborados no cotidiano da ação docente. As narrativas produzidas nos diários, inicialmente, limitam-se à caracterização e descrição das rotinas de aulas, sem conteúdo reflexivo. Com a escritura dos diários, nas experiências de formação de professores desenvolvidas em nosso cotidiano "[...] O que se pretende explorar por meio do diário é, estritamente, o que figura nele como expressão da versão que o professor dá de sua própria atuação em aula e da perspectiva pessoal da qual a enfrenta (ZABALZA, 2004, p. 41).

Ou seja, o diário figura como modalidade narrativa na qual os sujeitos ao escreverem acerca de suas práticas explicitam a percepção de si, de suas práticas e de seus processos formativos. É, pois, importante no processo de autonhecimento, no desenvolvimento da reflexão crítica, pois ao redigir o diário, e ao longo da redação, o autor reconstrói, num diálogo consigo mesmo, a trajetória de suas ações, podendo por meio de um processo reflexivo elaborar/re-elaborar de forma consciente a sua prática. A partir do exposto, reconhecemos que o diário faculta ao autor as seguintes possibilidades: conhecimento de si, conhecimento da prática, revisitação das experiências formativas e reflexão sobre a prática, entre outras.

A reflexão não ocorre de forma automática, mas efetiva-se como resultado do autoconhecimento e da autoconsciência da prática e, muitas vezes, tem como alicerce a racionalidade técnica. A partir de rodas de conversas, que ocorrem periodicamente, para socialização dos conteúdos dos diários e para o compartilhamento de saberes e experiências vai se delineando uma reflexão crítica, o que implica em mudanças nas ações desenvolvidas.

Notas conclusivas

As narrativas, no cenário da pesquisa qualitativa em educação, compõem fontes preciosas de produção de dados, cujo diferencial é protagonizar a vivência da escrita como alternativa para a re-construção dos percursos do sujeito, seja na formação profissional, seja no cotidiano das práticas pedagógicas. Escrever sobre os processos formativos, sobre a ação docente desenvolvida e sobre o ser professor provoca a auto-reflexão e o re-encontro do sujeito com seus percursos de vida pessoal e profissional.

> [...] é no ato de escrever e reler a vida recriada através do texto produzido, que os elos simbólicos se (des)fazem, que ligamos, desligamos, religamos os fatos evocados e encontramos sentido para o que somos e fazemos (PASSEGGI & BARBOSA, 2008, p. 156).

A escrita tem o potencial de objetivar a experiência, de transformá-la numa experiência autoformativa, haja vista que escrever a própria história implica questioná-la, repensá-la atribuindo sentido às histórias vividas. Desse modo, o entrelaçamento entre as ações desenvolvidas e o exercício da reflexão crítica, tanto na formação, quanto nas práticas pedagógicas favorece o repensar a formação, a si mesmo, elucidando a percepção das mudanças ocorridas ou por ocorrer no percurso de autoformação. Narrar, a partir da escrita reflexiva de memoriais ou diários, por exemplo, é repensar o passado, é re-significar o vivido, as crenças e os saberes produzidos. Significa que a narrativa tem efetivas possibilidades formativas e investigativas, pois ao narramos, historiarmos entendemos as nossas experiências, nos entendemos e revisitamos nossos saberes.

Em nossas experiências com as narrativas de pesquisa e de formação, realçamos a fecundidade dos escritos pessoais na re-significação das trajetórias formativas, nos aprendizados docentes, nas ações dos professores no âmbito da sala de aula e na produção de dados na investigação científica. Ressaltamos, portanto, que quem narra toma aspectos significativos das histórias vivenciadas como objeto de análise e de reflexão e, neste sentido, aprende com as narrativas e redimensiona seus saberes e suas experiências.

Pensar, pois a utilização da narrativa na pesquisa e na formação implica considerar os narradores como autores de suas próprias histórias, bem como perceber a processualidade e a historicidade das trajetórias e das histórias narradas. Implica pensar os processos vividos pelos sujeitos ao elaborarem suas narrativas, considerando: quem é o sujeito que narra, o que narra, o que foi dito e o que foi silenciado nas narrativas, entre outros aspectos.

Assim, reiteramos a fertilidade das narrativas em dupla dimensão: de pesquisa e de formação, na perspectiva de fomentar a reflexão e de aprofundar as possibilidades de análise da formação de professores e da produção de seus saberes. É necessário, então, ouvir os professores, dar sentido as suas experiências e tornar públicas suas singulares e complexas histórias, situando as narrativas como fontes de descobertas pessoais/profissionais, de reflexão e, provavelmente, de emancipação.

Referências Bibliográficas

BASTOS, M. H. C. Memoriais de professoras: reflexões sobre uma proposta. In: MIGNOT, A. C. V.; CUNHA, M. T. S. (Ed.). *Práticas de memória docente*. São Paulo: Cortez, 2003.

BENJAMIN, W. O Narrador. In: *Textos Escolhidos*. São Paulo: Câmara Brasileira do Livro, 1983.

BRITO, A. E. *Saberes da prática docente alfabetizadora*: os sentidos revelados e ressignificados no saber-fazer. 2000. Tese (Doutorado em Educação) – Centro de Ciências Sociais Aplicadas, Universidade Federal do Rio Grande do Norte, Natal, 2003.

CHENÉ, A. A narrativa de formação e a formação de formadores. In: NÓVOA; FINGER (org.). *O método (auto)biográfica de formação.* Lisboa: Ministério da Saúde, 1988.

CONNELY, F. Michael; CLANDININ, D. Jean. Relatos de experiência e investigação narrativa. In: LARROSA, Jorge (org.). *Déjame que te cuente.* Barcelona: Laertes, 1995.

DARSIE, M. M. P. *A reflexão distanciada na construção dos conhecimentos profissionais do professor em curso de formação inicial.* Tese de doutorado. São Paulo: Faculdade de Educação da USP, 1998.

DOMINICÉ, P. Biografização e mundialização: dois desafios contraditórios e complementares. In: PASSEGGI, M. da C.; SOUZA, E. C. (Org.). *(Auto)biografia: formação, territórios e saberes.* Natal/RN: EDUFRN, 2008.

JOSSO, M. C. *Experiências de vida e formação.* São Paulo: Cortez, 2004.

______. Da formação do sujeito... ao sujeito da formação. In: NÓVOA, A.; FINGER, M. O. *Método (auto)biográfico e a formação.* Lisboa: MS/DRHS/CFAP, 1988, pp. 37/50.

LIMA, M. da G. S. B. *O desenvolvimento profissional dos professores pelas histórias de vida:* revisitando percursos de formação inicial e continuada. 2000. Tese (Doutorado em Educação) – Centro de Ciências Sociais Aplicadas, Universidade Federal do Rio Grande do Norte, Natal, 2003.

NOGUEIRA, E. G. D.; PRADO, G. do V. T.; CUNHA, R. C. O. B.; SOLIGO, R. A escrita de memoriais a favor da pesquisa e da formação. In: SOUZA, E. C. de; MIGNOT, A. C. V. de (Org.). *Histórias de vida e formação de professores.* Rio de Janeiro: Quartet: FAPERJ, 2008.

NÓVOA, A.; FINGER, M. (Org.). *O método (auto)biográfico e a formação.* Lisboa: Ministério da Saúde, 1988.

PASSEGGI, M. C. *Memoriais de formação*: processos de autoria e de (re) construção identitária. Disponível em: <http://www.fae.unicamp.br/br2000/trabs1970.doc>. Acesso em 27 fev 2010.

SOUZA, E. C. Pesquisa narrativa e escrita (auto)biográfica: interfaces metodológicas e formativas. In: SOUZA, E. C. e ABRAHÃO, M. H. M. B. (Org.). *Tempos, narrativas e ficção: a invenção de si.* Porto Alegre: EDPUCRS, 2006.

______. Histórias de vida, escritas de si e abordagem experiencial. In: SOUZA, E. C. e MIGNOT, A. C. V. (Org.). *História de vida e formação de professores*. Rio de Janeiro: Quartet, 2008.

ZABALZA, M. A. *Diários de aula*: contributo para o estudo dos dilemas práticos dos professores. Porto: Porto Editora, 1994.

______. *Diários de aula*: um instrumento de pesquisa e desenvolvimento profissional. Porto: Porto Editora, 2004.

La autobiografía educativa: formación, investigación y profesionalidad reflexiva

José González Monteagudo

Entrada

Quiero comenzar recordando a Isabel López Górriz, muerta de manera repentina el 18 de enero de 2009, hace ya año y medio. Isabel fue maestra de la escuela primaria, educadora de adultos, profesora universitaria e investigadora. Su trabajo ha sido una fuente de inspiración para muchos de los que estuvimos cerca de ella. Una educadora visionaria y comprometida. Una persona que promovía el cambio real y profundo de las personas y de los grupos. Me siento en deuda con su legado, basado en la exigencia, el cuestionamiento, la apertura y el pluralismo. Las personas que la trataron durante los CIPA anteriores conocieron su generosidad, capacidad de diálogo y profesionalidad.

Inicié mi interés hacia las metodologías cualitativas y las historias de vida a mediados de los años noventa. En los años posteriores, y sobre todo a partir de 2001, me he dedicado de manera intensa a las historias de vida, mientras realizaba estancias de investigación en el extranjero y mejoraba mi conocimiento de idiomas. A partir de 2002 he trabajado las autobiografías educativas con estudiantes de Pedagogía en un contexto universitario. Más de 1.500 estudiantes universitarios han escrito su autobiografía educativa bajo mi supervisión. Además, he realizado seminarios de historias de vida con educadores interculturales y educadores de adultos. Mis estancias en el extranjero, con colegas como Jean-Louis Le Grand (París, Francia), Linden West (Canterbury, Inglaterra), Laura Formenti (Milano, Italia) y Barbara Merrill (Warwick/Coventry, Inglaterra) han ampliado mis perspectivas, tanto en el perfeccionamiento de otras lenguas como en el conocimiento de experiencias de formación y de investigaciones basadas en metodologías biográficas. En este itinerario auto-eco-formativo – a la vez interdisciplinar, interlinguístico, internacional e intercultural –, mi asistencia en 2008 al anterior CIPA III supuso un momento intenso y novedoso. La energía brasileña, hecha a la vez de pasión y de rigor – yo creo que esto llama mucho la atención a algunos europeos: el hecho de que se pueda ser apasionado y, al mismo tiempo, riguroso –, se me mostró de una manera directa, inmediata, irrenunciable. Fue entonces cuando comprendí la referencia de Josso (SOUZA, 2008: 8) a Brasil como "une des belles et majestueuses nefs qui naviguent a haute vitesse vers *l'invention du présent et du futur* de notre humanité".

Autobiografía y formación

La conciencia de la Modernidad está asociada al desarrollo progresivo de la autobiografía y de la escritura autobiográfica. Lo que hicieron los sociólogos de Chicago y los antropólogos que comenzaron a trabajar con métodos biográficos fue validar científicamente este tipo de documentos, los llamados documentos personales, que fueron juzgados como el material sociológico más relevante. Las historias de vida fueron empleadas en la investigación social, en bastantes ocasiones en un ambiente académico hostil, caracterizado por el dominio del positivismo y del estructural-funcionalismo. Sólo a partir de finales de los 70 y comienzos de los 80 encontramos un uso de los enfoques autobiográficos en el ámbito educativo.

El uso de los métodos autobiográficos como instrumento idóneo para explorar las experiencias de aprendizaje formal e informal se inicia en los años 80, en paralelo al llamado giro linguístico, cultural, narrativo y biográfico, coincidente con la crisis de las grandes narrativas, las ideologías dominantes y las teorías sociales clásicas (como el positivismo, el funcional-estructuralismo, el marxismo y la ideología tecnocientífica). En materias como la sociología (D. Bertaux, K. Plummer, N. Denzin), la historia oral (P. Thompson), la antropología (C. Geertz), la filosofía (P. Ricoeur), la psicología (J. Bruner) y la pedagogía (I. Goodson, G. Pineau), los relatos de vida y las narrativas adquieren mayor legitimidad académica. Esto favoreció la emergencia de modelos biográficos de investigación, formación e intervención, basados en un enfoque hermenéutico y en un modelo democrático de formación e investigación (GONZÁLES MONTEAGUDO, 2008).

En este ambiente cultural y científico de los años 80 y comienzos de los 90 tenemos que situar las contribuciones anglosajonas sobre los educadores, en las cuales identifiqué en un trabajo anterior (GONZÁLEZ MONTEAGUDO, 1996b) los siguientes enfoques biográficos en la investigación sobre los docentes: a) el ciclo vital, las fases de la carrera docente y las teorías del desarrollo adulto (Fales, Huberman, Oja); b) los estudios de I. Goodson sobre la vida y el trabajo de los docentes; c) los trabajos R. Butt y colaboradores sobre autobiografía colaborativa y desarrollo profesional; d) las investigaciones relativas al impacto de la vida personal del profesor sobre su rol profesional (Pajak y Blase); e) las contribuciones de Knowles en torno a las influencias biográficas sobre el rol docente; f) los estudios de los etnográfos interaccionistas británicos (Woods, Sikes, Measor) relativos a las carreras de los enseñantes; g) los usos de los diarios como herramienta para promover el desarrollo profesional docente (Holly y Mcloughlin, Zabalza). Todos estos trabajos se llevaron a cabo desde metodologías cualitativas, como una prolongación de los estudios etnográficos sobre los educadores desarrollados anteriormente (BUTT *et al.*, 1992; GOODSON, 1992; GOODSON & SIKES, 2001). Por razones históricas y culturales, estas aportaciones son poco conocidas en Brasil, y creo que han influido poco los trabajos brasileños en este campo. En estas aportaciones anglosajonas encontramos ya la exploración fenomenológica de la experiencia vivida y de la temporalidad, el énfasis en la colaboración entre investigador y docentes – el trabajo *con* los profesores, no sólo *sobre* los profesores – y la búsqueda de modelos democráticos de desarrollo profesional, en algunos casos cercanos a la investigación-acción. Butt *et al.* (1992) concluyen que el conocimiento del profesor y su desarrollo están influidos por la historia de la vida personal, las experiencias en la enseñanza y las experiencias del profesor durante su propia escolaridad. Para un desarrollo profesional óptimo, el profesor debe conocerse a sí mismo y captar en profundidad su estilo personal y profesional.

Las contribuciones francófonas de los miembros de la ASIHVIF (PINEAU, 2000; PINEAU & MARIE-MICHÉLE, 1983; PINEAU & LE GRAND, 1996; JOSSO, 1991; DOMINICÉ, 2000 y 2002) se centran en la educación de adultos. El libro de Pineau de 1983 (en colaboración con Marie-Mìchele) fue una aportación sugestiva e innovadora. En esta obra, Pineau trabaja los conceptos de autoformación y de historias de vida, hasta entonces concebidos como ámbitos no relacionados, y plantea la necesidad de desarrollar la educación de adultos a partir del uso de las historias de vida como instrumento de investigación y de formación, y esto afectaría por igual al investigador, al educador y a los adultos en formación. Criticando el subjetivismo, el individualismo y el liberalismo, Pineau concibe la autoformación como apropiación de la propia formación por parte del adulto, en una perspectiva emancipatoria y crítica. El empleo de las historias de vida en la educación de adultos posibilita un enfoque experiencial y democrático, unificador de la investigación y de la formación, que concibe al investigador y al actor como colaboradores, en una relación horizontal y no jerárquica. La historia de vida se entiende como una modalidad de autoformación: “La autoformación necesita democratizar y apoyar el ejercicio de este instrumento [la autobiografía] utilizado hasta el momento actual de forma casi exclusiva por las élites de la cultura docta" (PINEAU & MARIE-MICHÉLE, 1983: 187-188). Los modelos de investigación propuestos son cualitativos, pluridisciplinares y colaborativos. Se rechaza explícitamente la separación de las disciplinas y se aboga por una colaboración, en todas las fases y contenidos del proceso, entre formadores, investigadores y adultos en formación. Las aportaciones de los miembros de la ASIHVIF constituyen hoy un legado indispensable para trabajar con historias de vida en la educación formal, la educación de adultos, los procesos de *Validation des acquis de l'expérience* (VAE), el autodidactismo, las comunidades y la vida colectiva, la tercera edad, la marginalidad social, el medio sanitario, la interculturalidad, las migraciones, el testimonio histórico y otros ámbitos.

El trabajo biográfico sobre la experiencia educativa ha sido llevado a cabo, sobre todo, por P. Dominicé y colaboradores en Ginebra (Suiza), tanto en la universidad como en educación de adultos (DOMINICÉ, 2000, 2002; JOSSO, 1991; BELKAID, 1999). Las aportaciones de Dominicé en relación con las biografías educativas son importantes y han influido, además del ámbito francófono, a formadores e investigadores del ámbito hispanófono, lusófono y anglófono (la publicación de un libro en inglés ha favorecido el acceso a las audiencias internacionales). Resumo a continuación la propuesta de trabajo de Dominicé. La biografía educativa se suele llevar a cabo en un seminario de carácter voluntario, dirigido a un grupo de unos 75 estudiantes universitarios de psicología y pedagogía, a lo largo de un curso universitario, a razón de una sesión semanal de dos horas durante las 28 semanas del curso universitario. Al frente de la actividad está el profesor, que cuenta con la colaboración de unos 10 ayudantes de enseñanza, animadores de la actividad de los grupos pequeños en que se divide el grupo grande. El objetivo consiste en trabajar la propia biografía educativa, a partir de la oralidad y la escritura, combinando el trabajo individual, de grupo pequeño y de grupo de clase. Los estudiantes preparan una narrativa oral de su biografía educativa, en el marco de los grupos de trabajo. Las narrativas orales son presentadas en el grupo de trabajo, dedicando una hora a la presentación y una hora a la discusión. Posteriormente, los estudiantes preparan la redacción de su biografía educativa, apoyándose en la narrativa oral y en las discusiones y notas que han tomado en el aula. Para favorecer la participación, la implicación y la construcción de sentido por parte de todo el grupo, a cada estudiante se le pide que lea, interprete y comente oralmente la biografía de alguno de los compañeros de su grupo de trabajo. A este comentario sigue la discusión del grupo. Finalmente, se lleva a cabo la evaluación del proceso, que incluye la redacción de un informe individual en el cual debe de explicitarse el conocimiento producido a lo largo del proceso desde la triple perspectiva personal, procedimental y cognitiva. A lo largo de toda la formación, los sujetos *narradores* detentan el control sobre el proceso y el producto de la actividad. La biografía educativa se concibe como autoconocimiento y también como re-construcción de la identidad personal y herramienta para crear nuevos proyectos, en una perspectiva de apertura hacia el futuro (este párrafo y el anterior están basados en: González Monteagudo, 2008, p. 22-25). En el ámbito francófono, existen también otros usos de las historias de vida en contextos de investigación y formación de los profesores. Malet (1998) estudió las cuestiones identitarias en un estudio comparativo de profesores franceses e ingleses. Una modalidad específica de actividad formativa de carácter autobiográfico es el RVP (*Recit de vie professionnelle*), empleado en los seminarios con enseñantes de diferentes niveles educativos (BLIEZ-SULLEROT, 1999; BLIEZ-SULLEROT & MEVEL, 2004; MEVEL, 1999). En Italia, un grupo de investigadores de la universidad de Milano Bicocca ha llevado a cabo una importante labor de difusión de la llamada *formazione autobiografica* (DEMETRIO, 2002, 2003; FORMENTI, 1996, 1998, 2002) en diferentes ámbitos: educación de adultos, formación de educadores y trabajadores sociales, escuelas. Este grupo italiano ha promovido una pedagogía de la memoria, centrada en la escritura biográfica, entendida como autoconocimiento y cuidado de sí.

Es indudable que la influencia predominante en Brasil procede del campo francófono, como se evidencia en las contribuciones de colegas extranjeros a las sucesivas ediciones del CIPA y en las publicaciones de los últimos años (ABRAHÃO, 2008; BRAGANÇA, 2008; DELORY-MONBERG & SOUZA, 2009; PASSEGGI, 2008; PASSEGGI & BARBOSA, 2008; SOUZA, 2006a, 2006 b, 2008; SOUZA & MIGNOT, 2008). La internacionalización de los paradigmas biográficos es un hecho reciente, aunque todavía queda mucho camino por recorrer para que sea una realidad la comunicación fluida y horizontal, sin jerarquías simbólicas, entre investigadores y formadores de las diferentes áreas geográficas y linguísticas, como bien se pone de relieve en los diversos congresos, en donde las barreras de la lengua y de la cultura suponen un freno todavía importante. La interdisciplinariedad y la hibridación de enfoques, métodos y usos de las historias de vida también son rasgos importantes del trabajo de los últimos años (MIGUEL, 1996; BOLÍVAR, 2002; BOLIVAR, DOMINGO & FERNÁNDEZ, 2001; ERBEN, 1998; PLUMMER, 2001; ROBERTS, 1998; USHER, 1998; WEST, ALHEIT, ANDERSEN & MERRIL, 2007).

Mi propuesta de autobiografía educativa

La escritura autobiográfica esta logrando una creciente presencia en los ámbitos de la formación y la investigación. En esta sección me voy a centrar en el comentario de la autobiografía educativa (ABE), una modalidad de escritura autobiográfica que he venido desarrollando a lo largo de los últimos años en un contexto universitario, y que tiene algunos rasgos que la diferencian del método de trabajo desarrollado por los suizos.

La ABE hace posible una exploración del pasado y del presente del autobiógrafo, en el marco de la familia, de la comunidad local y de los contextos institucionales y socioculturales más amplios. Como instrumento de formación, la ABE favorece: el autoconocimiento; la capacidad de análisis del pasado; el establecimiento de relaciones entre la experiencia vivida, el presente y los proyectos de futuro; y la identificación de los factores más importantes condicionantes de la evolución personal y educativa de los autobiógrafos.

A diferencia de las experiencias pioneras de P. Dominicé, mi propuesta de ABE tiene un enfoque más guiado. Al tener que desarrollar mis cursos con un gran número de estudiantes y al no contar con asistentes, he creado esta versión de la ABE para hacer posible el desarrollo de la actividad lo largo de un semestre (quince semanas de clases, una hora y media por semana), es decir, en un corto período de tiempo. Al trabajar durante el semestre en paralelo con cuatro grupos de estudiantes (de unos 60 estudiantes por grupo), y al tener que animar la experiencia en solitario, he dado gran importancia a las orientaciones escritas. He intentado combinar las sesiones grupales, centradas en el trabajo oral, con el trabajo autónomo de los estudiantes, consistente en el desarrollo de la historia de vida educativa, familiar y social. Al final del proceso, cada estudiante habrá producido dos documentos escritos: un relato autobiográfico y un análisis de ese relato.

Me parece importante señalar que, siguiendo el modelo francófono de la ASIHVIF, cuando trabajamos con enfoques autobiográficos en actividades formativas obligatorias para los estudiantes, es preciso ofrecer otras alternativas de trabajo, de manera que el estudiante o el adulto en formación siempre tenga la opción de decidir si desea, o no, implicarse en la escritura de su propia autobiografía. Esto me parece una solución razonable, a medio camino entre estas dos posturas extremas: de una parte, limitar las experiencias autobiográficas a los seminarios y cursos elegidos libremente; de otra parte, impedir que los estudiantes se sientan obligados a implicarse en una experiencia formativa con una profunda dimensión personal y afectiva. Esto forma parte de la problemática ética de las historias de vida en formación. También es importante garantizar la privacidad, el anonimato y el derecho a la autoría, lo que excluye el uso de las historias sin el visto bueno de los autores.

La ABE es un instrumento idóneo para explorar las raíces profundas de los aprendizajes realizados a lo largo de la vida. El árbol genealógico, el análisis del grupo familiar, el comentario sobre el medio local, la línea de vida, el escudo o blasón personal y las narrativas de aprendizaje en diversos contextos (familia y pareja, escuela, grupo de pares y de amigos, asociacionismo, tecnologías de la información y la comunicación, ocio, mundo del trabajo) son algunas de las cuestiones propuestas como hilos conductores de la autobiografía escrita. Estas temáticas se ofrecen como posibilidades de trabajo, nunca como puntos a abordar de manera necesaria (sobre el procedimiento de realización de la ABE, véase: González Monteagudo, 2006).

A pesar del marco institucional universitario, la experiencia de la ABE creo que ha sabido conservar la espontaneidad, creatividad y libertad inherentes a las actividades formativas profundas y experienciales, aquellas que hacen posible el progreso en el autoconocimiento y el desarrollo de los participantes. En este sentido, la ABE tiene un formato muy abierto, y esto creo que constituye una las razones importante de la riqueza y de la fuerza de esta actividad formativa. La ABE no tiene un objetivo específico profesional como punto de partida. Pero ayuda a los estudiantes a explicitar sus modelos y paradigmas personales en relación con el conocimiento, el *rapport au savoir*, las representaciones, las relaciones interpersonales (incluidas las específicamente educativas y formativas) y los valores educativos (DEWEY, 1989; BÉZILLE & COURTOIS, 2006; GONZÁLEZ MONTEAGUDO, 1996a).

La intensa implicación personal, favorecida por las sesiones grupales centradas en la oralidad, promueve una apropiación de la experiencia. Esta apropiación se trabaja de manera específica en las fases finales de la actividad, cuando solicito a los estudiantes que relean el texto autobiográfico producido y emprendan el difícil trabajo de someterlo a un análisis crítico. Los estudiantes van descubriendo que no sólo son capaces de escribir su historia de vida – cuestión de la que muchos dudaban al iniciarse la experiencia-sino que, además, pueden convertirse en hermeneutas de su propia escritura y, por ende, de su propia vida. La transición entre el relato autobiográfico y el análisis escrito del relato señala el momento auténticamente formativo de la ABE. Los estudiantes sitúan mejor su propia historia, entendida como itinerario personal y como desarrollo que sólo se puede comprender cabalmente en el marco de los contextos familiares, educativos y socioculturales más amplios. Creo que este esfuerzo de comprensión de las relaciones entre desarrollo individual y contextos del desarrollo promueve la construcción de una teoría por parte de los educandos. Esta teorización, que resulta muy desigual, en función de las capacidades de los diferentes estudiantes, intenta aportar una contribución al problema más difícil que se despliega con esta actividad. Me refiero a la construcción de una teoría personal que dé cuenta de las relaciones entre biografía personal, contextos de desarrollo de nivel intermedio (familia, escuela y medo comunitario) y ámbitos socioculturales más amplios. En la intersección de estos tres vértices (biografía como nivel micro; contextos próximos como nivel meso; y contextos globales como nivel macro) creo que se encuentra el principio formativo y reflexivo más decisivo de la ABE.

Ahora sí se puede comprender mejor en qué sentido entiendo la ABE como una herramienta que favorece la reflexividad crítica y la profesionalidad en contextos sociales y educativos. La ABE entrena las destrezas de observación, investigación y documentación. La recogida de materiales y documentos biográficos es una tarea apasionante, que tiene los límites que se marcan los propios estudiantes. Las microentrevistas realizadas a los familiares y educadores cercanos inician en procesos investigativos breves, sencillos y motivadores. Esto constituye una importante dimensión metodológica de la ABE. Los estudiantes se hacen más maduros recogiendo, organizando y analizando materiales biográficos. La iniciación experiencial llevada a cabo con este trabajo de campo en el ámbito familiar y local aumenta el interés y la comprensión hacia las cuestiones éticas (privacidad, respeto de los informantes, dinámica de los secretos, fidelidad a los testimonios), los procedimientos del trabajo de campo (diseño de instrumentos, problemas en la recogida de datos, triangulación de técnicas y de datos) y los problemas hermenéuticos derivados del análisis de la experiencia vivida (implicación del estudiante que investiga y se documenta, diversidad de perspectivas, dificultades de la escritura en historias de vida, variedad de audiencias de los relatos producidos, utilidad del análisis para la construcción de una teoría educativa personal). La ABE constituye un camino fácil para provocar el debate sobre la cultura, la educación, las nuevas tecnologías, la identidad personal y colectiva, los valores, los contenidos y los métodos pedagógicos.

El trabajo en investigación y formación con la experiencia vivida es relativamente reciente. Las tradiciones filosóficas de la metafísica, del racionalismo y del experimentalismo han despreciado o marginado la experiencia humana, y esto ha tenido consecuencias importantes en la formación. Sólo con el pragmatismo, el historicismo y la fenomenología, la experiencia se ha convertido en una cuestión importante y abordable. La realidad de la experiencia humana vivida, lo que Dilthey llamaba la plena y no mutilada experiencia, ha recibido una importante legitimidad en las últimas décadas. Al igual que el historicismo de Dilthey, la fenomenología ha otorgado un valor importante a la experiencia. El movimiento fenomenológico, fundado por Husserl, también se caracteriza por su tendencia hacia lo concreto. Husserl propone la descripción de los fenómenos que se presentan a la conciencia, descripción que debe llevarse a cabo una vez realizada la llamada reducción fenomenológica ("epoche"); esto es, una vez que se ha colocado entre paréntesis la "actitud natural", es decir, nuestras convicciones filosóficas, los resultados de las ciencias y las creencias de sentido común que nos obligan a creer en la existencia de un mundo de cosas. Sólo así es posible describir los modos típicos en que las cosas y los hechos se presentan ante la conciencia. Para Husserl, la primera condición para reencauzar la crisis de las ciencias europeas consiste en recuperar el mundo de la vida, ignorado por el mundo objetivo constitutivo de las ciencias europeas de los últimos siglos. Según Husserl, hay que substituir lo categorial (es decir, las categorías científicas) por lo precategorial, esto es, por lo concreto, por el mundo de la vida (González Monteagudo, 1996a, cap. 2). La escritura autobiográfica permite un aprendizaje experiencial profundo, centrado en todo ese mundo precategorial que funda y hace posible el lenguaje y los conceptos. La objetivación del pasado y de los eventos ocurridos se combina con la rememoración subjetiva de la experiencia, que el autobiógrafo reconfigura y se reapropia durante el proceso de la reflexión, de la escritura y del trabajo oral en grupo.

La educación formal suele tener un fuerte componente cognitivo y racional. Las dimensiones emocionales y afectivas tradicionalmente han sido marginadas del proceso educativo. En este sentido, el trabajo formativo con enfoque autobiográfico tiene una importante componente emocional. Los participantes experimentan sentimientos intensos y con frecuencia completamente inesperados. La evocación de un objeto, por ejemplo, puede llegar a provocar un estado de fuerte emocionalidad. Pueden aparecer emociones como la rabia, la tristeza, la alegría y el odio, pero también alteraciones físicas, como el llanto o la respiración agitada. En estos momentos advertimos que estamos trabajando dimensiones profundas de las vidas de las personas y de los grupos, y que los procesos desencadenados van a implicar cambios en las percepciones, deseos, actividades y proyectos de los participantes. La ABE ayuda a comprender mejor la vida personal, pero también la vida interpersonal, la vida que desarrollamos con los otros (familia, pareja, hijos, grupos de todo tipo). La reflexión y escritura autobiográficas desarrollan nuevos puntos de vistas sobre nuestros conflictos y los modos de enfrentarlos de manera más auténtica y sana. Esto implica en muchas ocasiones un trabajo de transformación y reconfiguración de la identidad personal. Aunque la ABE no tiene un objetivo terapéutico explícito, he podido comprobar que la actividad desencadena cambios personales profundos, que a veces llevan a resolver problemas personales de los estudiantes. Es indudable que existe una dimensión curativa y terapeútica en la ABE. Espero que estas aportaciones puedan ser útiles, en alguna medida, para profundizar el conocimiento mutuo en este congreso, y también para sensibilizar a un mayor número de investigadores y formadores sobre la enorme potencialidad transformadora, personal y colectiva, de las metodologías autobiográficas.

Referências Bibliográficas

ABRAHÃO, Maria H. M. B. Le recit autobiographique. Temps et dimensions de l'invention de soi. In: SOUZA, Elizeu C. de (Org.). *Autobiographies, écrits de soi et formation au Brésil.* Paris: L'Harmattan, p. 129-150, 2008.

BELKAID, Malika. Formation des enseignants et (auto)biographie éducative. *Spirale. Revue de recherches en éducation* (Université Lille 3), 24, p. 15-29, 1999.

BERTAUX, Daniel. *Les récits de vie.* Paris: Nathan, 1997.

BÉZILLE, Hélène; COURTOIS, Bernadette (Orgs.). *Penser la relation expérience-formation.* Lyon: Chronique Sociale, 2006.

BLIEZ-SULLEROT, Nicole. De l'utilisation des récits de vie en formation d'enseignants. *Spirale. Revue de recherches en éducation* (Université Lille 3), 24, p. 77-102, 1999.

_____ & MEVEL, Yannick. *Réctis de vie en formation. L'exemple des enseignants.* Paris: L'Harmattan, 2004.

BOLÍVAR, Antonio (Org.). *Profissão professor. O itinerãrio profissional e a construção da escola.* Bauru, SP: EDUCS, 2002.

_____; DOMINGO, Jesús; FERNÁNDEZ, Manuel. *La investigación biográfico-narrativa en educación. Enfoque y metodología.* Madrid: La Muralla, 2001.

BRAGANÇA, Inês F. de S. Histórias de vida e formação de professores(as): um olhar dirigido à literatura educacional. In: SOU-

ZA, Elizeu C. de; MIGNOT, Ana C. V. (Orgs.). *Histórias de vida e formação de professores.* Rio de Janeiro: Quartet e FAPERJ, p. 65-88, 2008.

BRANDÃO, Vera M. A. T. *Labirintos da memória: Quem sou?* São Paulo: Paulus, 2008.

BRUNER, Jerome. *Actos de significado.* Madrid: Alianza, 1991.

BUTT, Robert L. *et al.* Collaborative Autobiography & Teachers' Voice, in I.F. Goodson (Ed.): *Studying Teachers Lives.* New York: Teachers College, Columbia University, p. 51-98, 1992.

DELORY-MOMBERGER, Christine. *Biographie et éducation.* París: Anthropos, 2003.

_____ & SOUZA, Elizeu C. de (Orgs.). *Parcours de vie, appresntissage biographique et formation.* Paris: Téraèdre, 2009.

DEMETRIO, Demetrio. *Album di famiglia. Scrivere i ricordi di casa.* Roma: Meltemi, 2002.

_____. *Ricordare a scuola. Fare memoria e didattica autobiografica.* Roma: Laterza, 2003.

DEWEY, John. *Cómo pensamos. Nueva exposicón de la relación entre pensamiento reflexivo y proceso educativo.* Madrid: Paidós, 1989.

DOMINICÉ, Pierre. *Learning from our lives. Using Educational Biographies with Adults.* San Francisco: Jossey-Bass, 2000.

_____. *L'histoire de vie comme processus de formation.* Paris: L'Harmattan, 2002.

ERBEN, Michael (Org.). *Biography and Education. A Reader.* London: Falmer Press, 1998.

FORMENTI, Laura. La storia che educa : contesti, metodi, procedure dell'autobiografia educativa. *Adultità*, 4, p. 83-100, 1996.

_____. *La formazione autobiografica.* Milano : Guerini Studio, 1998.

FORMENTI, Laura. *La famiglia si racconta. La trasmissione dell'identità di genere tra le generazioni.* Cinisello Balsamo (MI): San Paolo, 2002.

GONZÁLEZ MONTEAGUDO, José. *Vida cotidiana y profesión docente. Teoría y práctica educativas centradas en historias de vida. Un enfoque etnográfico.* Sevilla: Universidad de Sevilla, 1996a.

_____. El enfoque biográfico sobre los profesores. Una revisión de las líneas de trabajo más relevantes. *Revista Aula Abierta* (Universidad de Oviedo), 68, p. 63-85, 1996b.

_____. Teachers' Research Using the Biographical Method. Contributions and Reflections on Two Case Studies. In: WEBER, Kirsten (Org.). *Lifelong Learning and Experience.* Roskilde (Denmark): University of Roskilde & The Danish Research Academy, vol. 1, p. 367-392, 2000.

_____. Autobiografía educativa all'Università. Tra pensiero ed emozioni. In. FORMENTI, Laura (Org.), *Dare voce al cambiamento. La ricerca interroga la vita adulta.* Milano: Unicopli, p. 201-214, 2006.

_____. Approches non francophones des Histoires de vie en Europe (Note de synthèse). *Pratiques de formation/Analyses,* 55, p. 9-83, 2008 [http://www-ufr8.univ-paris8.fr/pfa/55notesynthese.pdf].

GOODSON, Ivor F. (Org.). *Studying Teachers Lives.* New York: Teachers College, Columbia University, 1992.

_____; SIKES, Pat. *Life History Research in Educational Settings.* Buckingham: Open University Press, 2001.

JOSSO, Marie-Christine. *Cheminer vers soi.* Lausana (Suiza): L'Age d'Homme, 1991.

MALET, Régis. *L'identité en formation. Phénoménologie du devenir enseignant.* Paris: L'Harmattan, 1998.

MEVEL, Yannick. Définitions et exemples d'utilisation du récit de vie professionnelle en formation d'enseignants. *Spirale. Revue de recherches en éducation* (Université Lille 3), 24, p. 103-127, 1999.

MIGUEL, Jesús M. de. *Auto/bio/grafías.* Madrid: Centro de Investigaciones Sociológicas, 1996.

MITCHELL, Claudia; WEBER, Sandra; O'REILLY-SCANLON, Kathleen (Orgs.). *Just who do we Think we are? Methodologies for Autobiography and Self-study in Teaching.* London: Routhledge Falmer, 2005.

NÓVOA, António (Org.). *Vidas de professores.* Porto: Porto Editora, 1992.

PARKER, Zoë. PhD Students and the Auto/Biographies of their Learning. In: ERBEN, Michael (Org.). *Biography and Education. A Reader.* London: Falmer Press, p. 116-129, 1998.

PASSEGGI, Maria da C. La médiation biographique dans la formation des enseignants. L'expérience du mémorial autobiographique. In: SOUZA, Elizeu C. de (Org.). *Autobiographies, écrits de soi et formation au Brésil.* Paris: L'Harmattan, p. 165-179, 2008.

_____. Le ´mémorial de formation: parcours de vie et symbolisation du travail biographique. In: DELORY-MOMBERGER, Christine; SOUZA , Elizeu C. de (Orgs.). *Parcours de vie, apprentissage et formation.* Paris: Téraèdre, p. 49-62, 2009.

_____ & BARBOSA, Tatiana M. N. A (re)invenção de si na formação docente. In SOUZA, Elizeu C. de; MIGNOT, Ana C. V. (Orgs.). *Histórias de vida e formação de professores*. Rio de Janeiro: Quartet e FAPERJ, p. 147-167, 2008.

PENEFF, Jacques. *La méthode biographique. De l´École de Chicago à l'histoire orale*. Paris: Armand Colin, 1990.

PINEAU, Gaston. *Temporalités et formation. Vers de nouveaux synchroniseurs*. Paris: Anthropos, 2000.

_____; MARIE-MICHÈLE. *Produire sa vie: Autoformation et autobiographie*. Montreal: Éditions Saint-Martin, 1983.

_____; LE GRAND, Jean-Louis. *Les histoires de vie*. París: PUF, 1996.

PINTO, Vera L. X.; PASSEGGI, Maria da C.; CABELLO MARTÍNEZ, María Josefa. Manger, se souvenir, appprendre et enseigner. In: SOUZA, Elizeu C. de (Org.). *Autobiographies, écrits de soi et formation au Brésil*. Paris: L'Harmattan, p. 203-221, 2008.

PLUMMER, Ken. *Documents of Life 2*. London: George Allen & Unwin, 2001.

ROBERTS, Brian. An Auto/Biographical Account of Educational Experience. In: ERBEN, Michael (Org.). *Biography and Education. A Reader*. London: Falmer Press, p. 103-115, 1998.

SOUZA, Elizeu. C. de. *O conhecimento de si: Estágio e narrativas de formação de professores*. Rio de Janeiro/Natal: DP&A / UNEB, 2006a.

_____. *Autobiografias, histórias de vida e formação: Pesquisa e ensino*. Porto Alegre / Salvador: EDUPUCRS / EDUNEB, 2006b.

_____ (Org.). *Autobiographies, écrits de soi et formation au Brésil*. Paris: L'Harmattan, 2008.

_____; ABRAHÃO, Maria H. (Orgs.). *Tempos, narrativas e ficções: a invenção de si*. Porto Alegre: EDIPUCRS/EDUNEB, 2006.

_____; MIGNOT, Ana C. V. (Orgs.). *Histórias de vida e formação de professores*. Rio de Janeiro: Quartet e FAPERJ, 2008.

USHER, Robin. The Story of the Self: Education, Experience and Autobiography. In: ERBEN, Michael (Org.). *Biography and Education. A Reader*. London: Falmer Press, p. 18-31, 1998.

VIEIRA, Ricardo. *Histórias de vida e identidades: professores e interculturalidade*. Porto: Afrontamento, 1999.

WEST, Linden; ALHEIT, Peter; ANDERSEN, A.S.; MERRILL, Barbara (Orgs.). *Using Biographical and Life History Approaches in the Study of Adult and Lifelong Learning: European Perspectives*. Frankfurt am Main: Peter Lang, 2007.

ZABALZA, Miguel Ángel. *Los diarios de clase como documentos para estudiar cualitativamente los dilemas prácticos de los profesores*. Santiago: Universidad de Santiago, 1988.

Docência, aprendizagens e processos de subjetivação

Narrativas de um grupo em constante caminhar: quando contamos nossas histórias de aprendizagem

Helena Amaral da Fontoura

Chega mais perto e contempla as palavras.
Cada uma tem mil faces secretas sob a face neutra
e te pergunta, sem interesse pela resposta,
pobre ou terrível, que lhe deres:
Trouxeste a chave?[1]

Narrativa é a expressão da experiência humana, na forma de histórias pessoais. Nós pensamos, sonhamos, dormindo ou acordados, lembramos, sentimos esperança, desespero, amor e ódio, criticamos, aprendemos e ensinamos, fazemos fofocas e planos sob forma de narrativas. Tecemos nossas histórias com as teorias, mas lembramos de Morin (2003) que nos alerta para o fato de que "*uma teoria não é o conhecimento, ela permite o conhecimento. Uma teoria não é uma chegada, é possibilidade de tratar um problema. Uma teoria só cumpre seu papel cognitivo, só adquire vida, com o pleno emprego da atividade mental do sujeito*" (p. 24).

O grupo de Pesquisa Formação de Professores e Diversidades Culturais[2] tem como um de seus principais objetivos ser um espaço

1 Drummond de Andrade, Carlos – "Procura da Poesia" in *Poesia Completa & Prosa*, 4ª ed. Rio de Janeiro, Nova Aguillar, 1977.

2 Este grupo, cadastrado em 2008, é composto pelos seguintes professores: Profª Drª Helena Amaral da Fontoura (coordenadora); Prof. Dr. Domingos Barros Nobre; Profª

de construção de diálogos em torno do tema formação de professores; como benefícios secundários aprimorar nossas habilidades de comunicação e de desenvolvimento de pensamento e da habilidade de colaborar. Trata-se de um grupo de reflexão que se apoia na conversação, com base na narrativa como uma alternativa ao modelo tradicional, hierárquico, centrado no coordenador.

Nossas interlocuções são fruto de pesquisas que privilegiam metodologicamente a etnografia de espaços escolares (Fontoura, 2008; Fontoura e Pierro, 2007), a história de vida e (auto)biografias como forma e como método investigativo (NÓVOA, 1992, 1995; CATANI, 1997; JOSSO, 2002; SOUZA, 2005, 2006, 2007) e como uma dimensão promissora para conhecer, de um outro lugar e perspectiva, a formação de professores na contemporaneidade.

A universidade é um espaço fundamental na formação de professores, para que desenvolvam a consciência do papel que podem vir a exercer na sociedade. Buscamos na Faculdade de Formação de Professores da UERJ (FFP/UERJ) formar professores conscientes *da* e *na* sua prática – um professor transmissor e pesquisador. Essa concepção se baseia em diferentes dimensões: o *saber* – os conhecimentos específicos –; o *saber ser* – o ato educativo –; e o *saber tornar-se* – o saber crítico desenvolvido a partir da experiência (TARDIF, 2002).

Neste contexto, Nóvoa (1992, p. 26) faz a seguinte contribuição: *"A troca de experiências e a partilha de saberes consolidam espaços de formação mútua, nos quais cada professor é chamado a desempenhar, simultaneamente o papel de formador e de formado"*. Para o autor, o desafio dos profissionais da educação é manter-se atualizado em relação às novas metodologias do ensino e desenvolver práticas pedagógicas eficientes, pois como salienta o autor: *"o aprender con-*

Drª Gianine Maria de Souza Pierro; Profª Drª Glaucia Guimarães; Profª Drª Maria Cristina Cardoso Ribas; Profª Ms Tania Marta da Costa Nhary (doutoranda), Profª Ms Márcia Maria e Silva e Profª Glaucia Braga Ladeira Fernandes (mestranda).

tínuo é essencial e se concentra em dois pilares: a própria pessoa, como agente, e a escola, como lugar de crescimento profissional permanente" (NÓVOA, 2002: 23).

Para Sousa (2005), narrar história de forma escrita consiste em narrar a história para si mesmo, organizando diálogo interior com sua pessoa, tomando consciência sobre sua existência, compreendendo sua trajetória de vida pessoal e profissional. Dessa forma, as narrativas escritas têm efeito formador por si só porque transportam o narrador para o campo de reflexão sobre si mesmo.

Como nos alerta Pineau (2004) a autonarração desenha-se na subjetividade e estrutura-se num tempo de lembrar, de narrar, de refletir, de construir associações, de estabelecer sentidos para o que foi vivido, a partir de significados particulares e coletivos de diferentes experiências formadoras, reveladas nas capacidades e no investimento do falar e escrever sobre o que lembramos da vida e da formação, a partir de nós mesmos como referencial.

A possibilidade de narrarmos histórias nossas, de refletir sobre processos vividos, funcionou no grupo como um processo de formação continuada, pois falando de professores que tivemos e de imagens que guardamos, trazidas ao presente, falamos dos professores que somos. A riqueza de experiências trocadas, que refletem comportamentos, padrões, valores, posturas profissionais e pessoais, se constitui parte dos nossos primeiros saberes construídos sobre a docência. Para Oliveira (2000: 16), "o sujeito, de posse do seu 'material' existencial tem a possibilidade de ler a sua própria situação e aquilo que se passa em torno dele".

Ao relembramos, nossas memórias nos dão a oportunidade de pensarmos em uma formação para nossos alunos que não seja a estritamente vinculada às propostas de programas já existentes, com ênfase nos conteúdos, e nos permite alçar voos em outras paragens, que consideram vozes e sentimentos como parte integrante da formação (DOMINICÉ, 1988).

Ouvimos também o que nos diz Goodson (1990) quando afirma que o autobiográfico é de grande interesse para os professores, que gostam de falar de seu trabalho; para surpresa do autor, os investigadores durante muito tempo não foram capazes de considerar as narrativas de professores como dados relevantes.

Aceitamos um desafio que nos colocou em uma outra trilha, de criação e de memória, de repensar nosso fazer como formadores de professores a partir de pensar nossa formação. Nossos alunos estão acostumados a serem orientados em uma direção, recebendo normas e procedimentos, mas podem viver esse 'tornar-se sujeito' na medida em que acreditamos na proposta, até porque vimos os desdobramentos em nossa experiência no grupo de pesquisa.

Como para Costa (1997), *"narrar é (re)construir verbalmente o presente, as lembranças e os desejos, é (re)elaborar a experiência individual no passado comum"* (p. 8), a narrativa como método está longe de certezas. Reconhecemos a parcialidade das informações coletadas e afirmamos que isso faz parte de nossa metodologia de escolha, não pretendemos uma única verdade em nossas pesquisas, buscamos desvelar os possíveis, nos espaços-tempos em que se revelam.

A atividade proposta constituiu-se em escrever nossas mais remotas lembranças de escola a partir de uma foto na sua escola da infância. Nosso percurso foi se construindo entre as apresentações de nossos relatos e as leituras de temas de interesse do grupo buscando discriminar as diferentes possibilidades teóricas que cada um de nós trazia ao grupo.

Buscamos partir dos relatos, a produção e socialização das escritas de si, no entendimento de que os processos de formação de professores se modelam na tensão entre as experiências que demarcam as histórias de vida de cada sujeito e seus singulares percursos de formação e auto-formação. Analisar escritos sobre vivências significativas para nós pode nos fornecer pistas para aprimorar as atividades de formação desenvolvidas em nossa unidade, contribuindo para formar professores mais conscientes de que sua/nossa história também os/nos faz os professores que estamos sempre vindo a ser.

Primeira narrativa: Como me tornei professora? Um percurso de girassol... por Helena Fontoura

Para o Feng Shui o girassol é a integridade e força que temos dentro de nós e que queremos transmitir aos outros. Já que acompanha o movimento do sol, o girassol simboliza longevidade e lealdade, transmitindo energia positiva a todos que estão à sua volta.

Seu nome científico é Helianthus – que significa "flor do sol". Além de bonita, a planta é utilíssima, pois do girassol tudo é aproveitado – desde as sementes, até as flores e os ramos.

Esta mocinha séria e compenetrada sou eu, no Jardim de Infância Cinderela em 1955. Em que estaria pensando?

Álbum de família

Lembro de minha entrada na escola, queria muito mesmo ir, já que minha irmã mais velha que eu quatro anos já estava na escola. Combinamos, minha mãe e eu, que se eu 'desse a chupeta para o gato' eu seria matriculada, e foi o que fiz. Lembro de salas com o teto altíssimo e colegas rindo (de mim ou comigo?). Corredores longos e escuros, desertos a maior parte do tempo...

Sempre fui boa aluna, interessada e estudiosa. Tenho algumas lembranças de ter sido chamada atenção, mais tarde, porque falava muito. Hoje gosto de alunos que falam.

Para dialogar com minhas lembranças escolhi o livro Diário de Escola de Daniel Pennac, no qual o autor revela suas agruras de 'aluno lerdo' (tradução sofrível...).

O autor abre os trabalhos dizendo:

Estatísticamente tudo se explica,
Pessoalmente tudo se complica.

É um livro de lembranças de um mau aluno que sempre envergonhou sua mãe, se sentia incapaz de entender ("*todo mundo compreendia mais rápido do que eu*"), que fala da dor partilhada entre o mau aluno, aluno lerdo, os pais e os professores, e da escola como um lugar de interação dos desgostos.

Diz Pennac (2008): "(...) *o medo foi mesmo a grande ocupação da minha escolaridade: seu ferrolho. E a urgência do professor que me tornei foi de tratar o medo de meus piores alunos para arrebentar esse ferrolho, para que o saber pudesse ter uma chance de passar.*" (p. 23)

Trabalhando com formação de professores e ser eu mesma uma sempre professora em formação, mesmo com muitas décadas de exercício do magistério, traz algumas reflexões que se fazem necessárias.

Ao pensar o lugar da escola na formação de alunos (e futuros docentes) temos textos que glorificam suas possibilidades e formulações que 'cupabilizam' a instituição escolar pelos fracassos de seus alunos.

Desde quando posso me lembrar, sempre quis ser professora. Tinha um quê de messiânico, de doação em minha ideia de ensinar. Menina, ensinava aos analfabetos da fazenda da família de meu pai, no interior de Minas Gerais. Menina-moça, de escola religiosa, fui catequista, dava aulas de religião para crianças da favela. Moça, fui fazer o curso Normal e me lembro das palavras de minha avó: "*Tão inteligente e vai ser... professora?*"

Sou professora! No curso Normal adquiri conhecimentos importantes e sempre gostei muito da parte prática, de estágios e de Psicologia. Havia uma enorme identificação com as professoras que viviam a experiência de ensinar como uma coisa boa. E prazerosa. Trabalhava e fazia a Faculdade de Educação na PUC do Rio de Janeiro. Não me lembro de uma coisa ter tido ligação com a outra. A faculdade era o estudo, o diploma de nível superior, o trabalho na escola básica era a realidade que eu achava que a maioria de meus professores da faculdade desconhecia. Algum tempo depois dei nome a isto: dicotomia teoria-prática.

Meu primeiro emprego foi de alfabetizadora, em uma escola pequena na zona sul do Rio de Janeiro, classe média, turma grande, onde aprendi por imitação e intuição com uma professora antiga. Como ela sabia! Hoje em dia penso nela com carinho e lembro sua disponibilidade e sua abertura.

Relacionando com autores que me acompanham em minha vida, penso que Vygotsky teria alguma coisa a dizer sobre mediação e Freud, por sua vez, pensaria nos aspectos inconscientes que transversalizam a relação pedagógica. Mas a visão de Morin, com sua noção de conhecimento e compexidade é o que mais se aplica aqui.

> "Penso que, em todas as culturas, o conhecimento cotidiano é uma mistura singular de percepções sensoriais e de construções ideo-culturais, de racionalidades e racionalizações, de intuições verdadeiras e falsas, de induções justificadas e errôneas, de silogismos e de paralogismos, de ideias recebidas e de ideias inventadas, de saberes profundos, e sabedorias ancestrais de fontes misteriosas e de superstições infundadas, de crenças inculcadas e de opiniões pessoais. Ele é com frequência bastante limitado em relação aos conhecimentos científicos, mas estes são com frequência muito limitados em relação a esse conhecimento vulgar ingênuo. De qualquer maneira, o leitor verá, não estou do lado dos escribas e dos

> fariseus, do lado dos preciosistas e dos Diafoirus[3], do lado dos que, por função e profissão, creem ser detentores das Luzes.(...) Enfim, assim como quis lembrar que todo conhecimento humano emerge incessantemente do mundo da vida, no sentido biológico do termo (...), insisto em observar que todo conhecimento filosófico, científico ou poético emerge da vida cultural comum." (Edgar Morin)[4]

Um pavor que sempre tive: professores 'diafoirus', que pretensamente sabem o que dizem, mas que usam do lugar para humilhar alunos e famílias e desdenhar as possibilidades de aprendizagem de outros.

Muitos outros empregos se sucederam, até a carreira universitária que hoje me alegra e me estimula, a ser exemplo e buscar caminhos, qual um contente e utilíssimo *Helianthus,* do qual tudo se aproveita, as flores, os ramos e as sementes deixadas nos caminhos desses muitos anos de magistério.

Segunda narrativa: Uma re-leitura da minha foto na escola por Gláucia Guimarães

Ainda que este meu retrato com sete anos não seja um "auto-retrato" pintado, ao (re)lê-lo tenho a impressão de que posso "pintá-lo" com cores, sentimentos, ou "coisas que nem há mais na lembrança... ou coisas que não existem" ou que simplesmente foram imaginadas.

3 Personagem do "O doente imaginário" de Molière, um médico que fala de forma pretensiosa e sem nenhuma consistência para impressionar os ouvintes.

4 http://vello.sites.uol.com.br/morin.htm acessado em 3 de março de 2009.

O AUTO-RETRATO

No retrato que me faço – traço a traço
às vezes me pinto nuvem,
às vezes me pinto árvore...
às vezes me pinto coisas
de que nem há mais lembrança...
ou coisas que não existem
mas que um dia existirão...
e, desta lida, em que busco
– pouco a pouco –
minha eterna semelhança,
no final, que restará?
Um desenho de criança...
Corrigido por um louco!

Mario Quintana
(Apontamentos de História Sobrenatural)

"A fotografia é, na verdade, um constante convite à re-leitura" (Kramer, 2005), porque quando a olho, a expressão que a foto registra, parece divergir com o que achava me sentir na escola!

O sentimento, atrelado às escolas pelas quais passei, é o de tristeza, rejeição, competição, humilhação e outros tantos lastimáveis. Lembro que até os meus "amiguinhos" me chamavam de "múmia paralítica", de tão parada e tímida que aquele lugar me deixava.

Antes de ir para Escola Municipal Isabel Mendes, onde a foto foi tirada, frequentei uma escola privada que considero que foi uma das responsáveis por este sentimento tão deplorável acerca da escola.

Entrei nesta escola já sabendo ler e por isso me cobravam que soubesse também "marcar X", ou "relacionar as colunas" e outras práticas com as quais não estava acostumada. Então, quando não fazia "direito" a professora arrancava a folha do caderno, indicando implicitamente de que eu era muito burra!

Todavia, diante da dissonância entre estas lembranças e a expressão tranquilamente feliz no meu retrato de criança, pude, então, resgatar outras lembranças muito boas, que haviam sido apagadas. Só assim pude me lembrar das três ótimas professoras das quatro que tive na E. M. Isabel Mendes, onde fui fotografada.

Lembro da professora Ana Maria, doce e rigorosa, sem ser rígida. Tive a sorte de ser aluna da professora Maria Regina. Acho que devo a ela o gosto que tenho pela leitura. Depois de muito tempo, a encontrei na Secretaria Municipal de Educação do Rio como autora de livro infantil. Ela me reconheceu! Também fui aluna da querida professora Léa. Como eu era muito tímida, ela providenciou que eu sentasse ao lado de crianças extrovertidas que "puxassem" por mim.

Fiz o Curso Normal em uma escola particular e Pedagogia na UERJ. Sempre que justificava a escolha profissional, dizia que gostaria de contribuir com uma escola diferente da que tinha tido. Parece que as lembranças ruins sobrepujavam essas e outras lembranças boas da escola.

O que esta "re-leitura" revela? Que estas boas lembranças, embora não presentes na consciência, orientam minha prática como professora e que resgatar histórias ignoradas, pode indicar condições e possibilidades reais já existentes, valorizando nossas experiências e as de nossos alunos!

Terceira narrativa: Tatuagens da alma: uma história de vida de professor por Tania Nhary

Quero ficar no teu corpo feito tatuagem
Que é para te dar coragem pra seguir viagem
Quando a noite vem[5]

Ao iniciar esta narrativa pretendo, com o auxílio da memória, trançar os fios da trama por mim vivida no campo da educação. Uma

5 Música Tatuagem – Chico Buarque

trama de cores, tamanhos e formas carregadas de um sentimento de profundo prazer de ser professora. Tatuagens da alma. Com elas sigo viagens. Viagens do antes, viagens do agora. Desejo que se instalou em mim cedo, muito cedo, e que agora tenho a alegria de narrar. Entendo a narrativa como uma via capaz de me levar à compreender a vida como obra, como uma trajetividade singular envolta em uma teia de significados expressos no ato de (re)contar uma história de vida. História alinhavada com falas, fatos e afetos que nos ficam como tatuagens delineadas com delicadas agulhas a cerzir, costurar, suturar nossas próprias memórias.

Fui uma criança muito tímida e de poucas travessuras. Estudei, na década de 60, na Escola Municipal Bárbara Ottoni, localizada na Tijuca, bairro onde morava. Era muito caprichosa e responsável. Quando tocava o sinal de saída da escola, se meu trabalhinho não estivesse pronto eu chorava. Minha mãe chegou a ser chamada na escola para saberem se ela fazia algum tipo de cobrança com relação às minhas tarefas escolares. Não, ela afirma que não fazia.

Cursei a primeira série primária da Escola Municipal Benedito Ottoni (ao lado da Bárbara Ottoni) com excelentes notas. Era uma aluna exemplar e que estava sempre com foto no painel dos melhores alunos, o que fez com que eu não cursasse a segunda série indo direto para a terceira série primária. O gosto pelo estudo e pela disciplina da escola me levava a viver o cotidiano escolar como uma tarefa a ser realizada diariamente com afinco. Fazia os deveres de casa prontamente, caprichava na letra e zelava muito pelo meu material. Aquela merendeira de tecido azul xadrez com o nome bordado, a garrafinha de plástico com o suco, a toalhinha aberta sobre a mesa para a hora do lanche são imagens que me remetem ao meu "amor dos começos"[6], começo de vida de aluno, de professora. Começo de minha história de vida.

6 Título do texto de Catani, Bueno e Sousa em Cadernos de Pesquisa, nº 111, pp. 151-171, dezembro/2000.

O ato de rememorar traz escolhas em que algumas coisas são esquecidas e outras têm sentido específico. Constitui-se um campo simbólico em que "a memória cria um imaginário histórico, definido pela apropriação pessoal e pela ação de um sentido peculiar a uma determinada trajetória de contato e de acesso a um patrimônio cultural" (CATANI e cols., 2000, p. 23). O ritual que envolvia a hora do lanche na escola pública da década de 60 tinha, para mim, o sentido de sacralidade vivida e revivida nos rabiscos das marcas do tempo.

Os acontecimentos lembrados são evocados à luz da emoção, sendo a memória uma abertura para o relato do vivido, onde o que é dito vem carregado de sentimentos, de propósitos e de explicações. Ah! a hora da merenda! A musiquinha do lanche, o preparo do local! O som da água saindo da torneira ao lavar as mãos! Que sabor de saberes! Tatuagens que nos causam estranhamento, aberturas, aproximações. Tatuagens "que você pega, esfrega, nega, mas não lava".

O gosto pela escola tomava conta de mim à medida que ia avançando as séries escolares. Reproduzia em casa as situações vividas na escola. Colocava minhas bonecas sentadas no chão do quintal de casa e passava horas escrevendo nos ladrilhos. Nas férias, quando viajávamos para a casa de praia no município de Coroa Grande, litoral sul do Rio de Janeiro, meu maior prazer era cuidar dos sete filhos do caseiro. Eu contava histórias, desenhava, passeava a pé pelas ruas ao redor, dava banho, ensinava a escovar dentes e cabelos, cantava e dançava com eles. Na pequena menina o desejo de ser professora surgia como uma 'segunda pele'. NÓVOA (1995) entende que o processo identitário passa pela autonomia na atividade docente que está ligada à pessoa do professor. Com aquelas sete crianças eu buscava esta ingênua autonomia e, aos poucos, ia me revestindo da 'pele' profissional da docência. Fazia de cada momento encenado, o mesmo ritual sagrado da hora de meu lanchinho saído da merendeira azul xadrez. Sentia-me docente. Experiências, lembranças, emoções e sentimentos que vão dando forma, traços e cores às nossas vidas pessoais e profissionais. Resgate da memória que brinca no corpo feito bailarina, "que logo te alucina, salta e te ilumina" (Chico Buarque). Menina professora...

Não cursei escola Normal, em 1978 ingressei na licenciatura em educação física. Como estagiária no SESC (Serviço Social do Comércio) dei aulas de natação para crianças por alguns anos. Concomitantemente , dava aulas de educação física para o ensino fundamental em uma escola da rede privada. Me formei no ensino superior em agosto de 1981 e , neste mesmo ano, comecei a trabalhar com formação de professores na Faculdade de Formação de Professores da Universidade do Estado do Rio de Janeiro. Uma professora menina que gostava, e que muito ainda gosta, de brincar. Menina que carregava, e que talvez ainda carregue, a insustentável leveza de ser professora.

Ao refazer este percurso profissional na elaboração dessa narrativa, sinto a (re)significação do vivido e o sentido de meu fazer docente. Desde as aulas dadas por mim às bonecas, às crianças na piscina, na quadra da escola, nas salas da faculdade e vendo e orientando a atuação docente do professor em formação no cotidiano escolar, sinto renovados meus votos com a profissão professor. Salta-me a 'segunda pele'.

Do sonhado ao realizado, do desejado ao vivido, os fios da docência me 'tocam' e amalgamam-me numa trama de múltiplas formas, cores, significados e tamanhos.

E foi assim, neste ir e vir, revirando minhas lembranças e minhas sucatas da alma, que procurei não me limitar a contar uma história, mas buscar compreender o vivido nos traços deixados como tatuagem na vida de uma professora.

Quarta narrativa:
Elegia popular ao analfabetismo letrado
ou Torta ode à leitura do mundo
por Domingos Barros Nobre

Procurei em meus alfarrábios
Uma foto do grupo escolar
Para produzir uma reflexão encomendada.
Na ausência de uma,
Encomendei à própria memória fraca,
O dito trabalho intelectual.
O lunário da memória,
Carece de fotos,
Abecedário da escola.
Mas imagens é que não faltam
No almanaque do meu tempo:
Imagens poéticas fugidias
da infância escolar
da criança-aluno.

Perdoem-me os leitores
Se os faço digredir
Com 3 ou 4 coisas que eu lembro
E 1 milhão que eu esqueci
Recorro então ao meu verso,
Pra puxar pela memória,
Pois aqui só tenho perto
Um 3 X 4 e uma história.
Bendita seja a lembrança
Que ainda guardo da escola!

Minha trajetória intelectual e escolar foi tecida por grandes marcas, que a constituíram.

A primeira foi ainda na infância, no Rio, com a presença precoce e extremamente prazerosa da leitura, principalmente a literatura e especialmente a poesia, que deixaram gostosas e indeléveis marcas.

O ambiente cultural em nossa casa foi decisivo pra mim. A leitura foi presença incessante nesta fase e me acompanhou por toda a vida: minha avó lia diariamente jornais, revistas e quaisquer livros à nossa volta e fazia questão que escutássemos sua leitura. Depois passou a solicitar que lêssemos para ela, desculpando-se que seus óculos não estavam muito bons.

Além, deste maravilhoso ritual, meus avós paternos (portugueses) contavam frequentemente causos, histórias, piadas, músicas, acontecimentos reais e históricos de suas infâncias e viagens à Portugal, o que me fascinava... Mergulhei na leitura com enorme prazer... Já no ginásio era frequentador assíduo das bibliotecas públicas à cata de Borges, Joyce, Drummond, Lorca, Pessoa, Kafka, Neruda, Bandeira, Mário e Oswald, Garcia Marques, João Cabral, etc. A poesia inicialmente me tocou muito, e desta época, datam meus primeiros poemas, prenhes de conflitos, dúvidas, revoltas e reflexões.

Minha primeira imagem forte da escola (depois da mijada que dei nas calças, no primeiro dia de aula, com vergonha de perguntar onde era o banheiro!) é de uma professora maravilhosa que tive no Pré-Primário (antecessor pré-histórico da pré-escola, que antecedeu a Educação Infantil – puxa! sinto-me jurássico, nestas horas...). Era minha primeira professora! Eu tinha 6 anos e estava recém saído do interior das Minas Gerais e desembarcado atônito entre os arranha céus das entranhas do centro do Rio.

Mas a imagem da professora é forte apenas por sua atitude no final do ano, pois não tenho nenhuma outra lembrança sua, nem de suas aulas, pois eram altamente tediosas pra mim. Enquanto todos na sala tentavam fazer os malditos exercícios de coordenação motora da maldita cartilha preparatória à alfabetização, eu já lia manchetes de jornal – doce hábito compartilhado pelos meus avós paternos, mas que já havia começado anos antes, ao redor da cadeira de balanço de minha avó materna, mineira índia Puri.

No final do ano, na festa de formatura do Pré-Primário, com os pais presentes, ela presenteou todos os alunos da sala com um (primeiro) livro de história. Para estimular a leitura, na certa. Menos para mim. Ela me deu de presente um brinquedo: "Pequeno Arquiteto" ou "Pequeno Engenheiro", sei lá o nome, mas que era maravilhoso. Chamou meu pai e explicou que não havia me dado o tal livro de histórias porque eu já sabia ler e deveria me divertir nas férias! Os demais deveriam aproveitar as férias para exercitar a leitura. Quanta sensibilidade... Fiquei encantado com o presente que durou quase toda minha existência infantil.

Minha memória de leitor não deve nada à escola! Eu me constitui num leitor independente da escola. Li muito, apesar dela. Alfabetizei-me ouvindo músicas e histórias portuguesas de meus avós paternos. Adorava a história do Zé dos Telhados, uma espécie de anti-herói português, que roubava dos ricos pra distribuir com os pobres, como um Robin Hood. Encantava-me ao ouvir meu avô, um grande contador de causos e de piadas: analfabeto de pai e mãe e de pedra. Ele era jardineiro. Fazia brotar exuberantes rosas, dálias, violetas, orquídeas e margaridas no jardim da casa. Um fazedor de poemas cheirosos. Puros e híbridos.

Longe aqui de negar o papel formador da escola e as possibilidades de estímulo à leitura que a escola pode permitir. Longe também de não concordar que, para uma grande parcela da população oriunda das classes trabalhadoras, a escola é o lugar privilegiado e às vezes único, de participar de atos sociais (mesmo que escolares) de leitura e de escrita.

Mas o problema é conceitual: o que entendemos afinal por leitura? Se tomarmos a contribuição da Psicolinguística, *ler é buscar sentidos para um texto.* Essa busca de sentidos se dá através das pistas que o autor deixa no texto. A uma parte dessa busca de pistas chamamos de Estratégias Cognitivas, que são operações inconscientes de processamento do texto que se apoiam basicamente no conhecimento textual e linguístico (gramática interna ou implícita). Essas estratégias, por serem inconscientes, são individuais, intransferíveis, não-ensináveis. O que a escola pode fazer com elas é exatamente torna-las conscientes para o aluno, fazendo com que ele as explicite. Ao explicitá-la, ele pode então monitorá-la e assim desenvolvê-la.

Portanto, para as estratégias do tipo cognitivas (pois há ainda as meta-cognitivas, que são conscientes) o que esta ao nosso alcance é permitir, através de atividades metodológicas adequadas, que os próprios sujeitos descubram, construam e desenvolvam suas próprias estratégias cognitivas de leitura.

As estratégias de leitura dependem dos conhecimentos prévios (que são dos tipos: de mundo, linguísticos e textuais) e dos objetivos definidos pelo leitor para a leitura. É nesse espaço de intervenção que a escola pode e deve atuar. Levantando com os alunos os conhecimentos prévios necessários à compreensão de um determinado texto (aqueles que o autor pressupôs que seus *leitores modelo* deveriam ter, para compreender suas pistas deixadas) ou variando conscientemente os objetivos para cada leitura (o que significa parar de ler só para estudar). Ah! Como eu odiava ter que ler Machado de Assis, José de Alencar, Joaquim de Macedo, para fazer as malditas provas ou fichamentos!

Não temos, portanto, a rigor, governabilidade sobre os processos cognitivos de leitura. Podemos sim, facilitar o processo ou bloqueá-lo. Há muitas histórias trágicas de leitores por causa da escola.

Eu, graças ao bom Nhanderu, tive meus anjos avós pra me salvar da escola...

Tecendo fios narrativos...

Quando narramos histórias acontecidas, imprimimos características próprias à narração, acrescentando ou omitindo aspectos, fantasiando, modificando o que se passou. De acordo com Sousa (2005), isso possivelmente ocorre devido a *"um problema muito comum que acontece com o narrador, o consumo público dos relatos, o que pode levá-lo a apresentar uma determinada versão a ser consumida pelos ouvintes ou pelos leitores, para que seja aceita e validada socialmente"* (p. 120).

Entendemos, como Thomson (1997), que ao narrar uma história, lembramos o que pensamos ser e o que gostaríamos de ser, e nossas lembranças trazem aspectos de um passado que moldamos para que se ajustem às nossas identidades e aspirações atuais. Fomos descobrindo que ao narrar nossas histórias criávamos identidades comuns e diversas que nos uniam e nos faziam querer pesquisar assuntos e discutir teorias não porque nos tivessem dito que deveríamos, mas porque construímos esse querer estudar juntos.

A história profissional de cada um de nós está interligada à nossa vida pessoal, afirmamos que o pessoal e o profissional são inseparáveis. Ao narrarmos partes de nossa trajetória de vida, passamos por processos de reflexão, compreendendo melhor o percurso vivido no passado, relacionando-o ao momento presente. A esse respeito, CHENÉ (1988) comenta que *"a narrativa leva à compreensão do percurso da formação. Na prática, permite igualmente que o formador encontre o seu projeto de ser e se forme através da fragilidade das figuras que tomam no tempo da narração e se reaproprie do julgamento de competência que se faz sobre si próprio."* (p. 96)

Nossas narrativas demarcaram um espaço onde, ao selecionarmos aspectos da nossa vida e tratá-los na perspectiva oral e escrita, organizamos nossas ideias e potencializamos a reconstrução de nossa vivência pessoal e profissional de forma auto-reflexiva como suporte para compreensão de algumas de nossas itinerâncias vividas. Nosso processo de escrita da narrativa nos fez autores e atores que somos, de nossa singularidade, de nosso autoconhecimento, levantando questionamentos sobre nossas identidades profissionais e pessoais estimulando os colegas que, mesmo sem terem escrito suas histórias em um primeiro momento, narraram conosco um pouco de si.

Analisar narrativas envolve examinar de perto os discursos, organizar, dar significado ao que é falado e ao que não é dito. Em nosso caso, nos fomos tornando um grupo que achou uma alternativa aos procedimentos de reuniões de grupos de pesquisa nos quais as teorias acabam sendo muito mais importantes do que o que falamos com nossas vidas e nossas histórias de aprendizagem.

Estes espaços de formação e autoformação, viabilizados tanto no espaço da universidade quanto no das escolas, têm proporcionado a todos nós possibilidades de ressignificação e articulação das nossas experiências e das nossas representações sobre os processos de escolarização e os sentidos construídos sobre a escola e a docência

As contribuições que podemos trazer para nossos fazeres em formação de professores caminham por alguns pontos com relação à utilização de narrativas em processos formativos; a narrativa pode ser considerada como uma alternativa na formação, por criar um espaço para que os participantes possam rememorar, remirar e falar sobre as suas práticas, refletir, compreender e interrelacionar ideias e sentimentos que talvez não tenham sido verbalizados ou sequer percebidos anteriormente. Soubemos ainda que a narrativa é um espaço de re-encontro consigo mesmo, já que possibilita a compreensão e a auto-reflexão de experiências vividas, momento fértil de produção de conhecimento e autoconhecimento. Ao falarmos de nossa história individual em uma narrativa escrita estamos recuperando uma história coletiva de muitos professores que se fizeram de forma semelhante à nossa, que escolheram a profissão e que se mantiveram nela apesar dos obstáculos e impasses. A narrativa seria então um resgate da cultura escolar e da profissão docente.

Como nos lembra Morin[7], todo conhecimento filosófico, científico ou poético emerge da vida cultural comum. Assim, somos girassóis em movimento, nuvens e árvores, múmias paralíticas, temos tatuagens na alma, somos salvos por nossos avós, contamos e re-

7 http://vello.sites.uol.com.br/morin.htm acessado em 3 de março de 2009.

contamos, formamos professores como sabemos e como fazemos. Para tal usamos a teoria que sabemos e as experiências que temos e passamos a saber com nossas narrativas compartilhadas.

Referências bibliográficas

CATANI, D. B.; BUENO, B. A. O.; SOUSA, C. P. O amor dos começos: por uma história das relações com a escola. *Caderno de Pesquisa*, n. 111, dez. 2000, p. 151-171.

CHENÉ, Adele. Narrativas de formação e formação de formadores. In: NÓVOA, Antonio e FINGER, Mathias. *O método (auto)biográfico e a formação.* Lisboa: Departamento de Recursos Humanos/Ministério da Saúde. Centro de Formação e Aperfeiçoamento Profissional. Cadernos de Formação, 1988.

COSTA, C. B. Uma História Sonhada. *Revista Brasileira de História*, São Paulo, v. 17, n. 34, p. 52-65, 1997.

DOMINICÉ, P. A abordagem biográfica enquanto opção metodológica. In: NÓVOA, A. e FINGER, M. (orgs). *O método autobiográfico e a formação.* Lisboa: Caderno de formação, Ministério da Saúde, 1988.

FONTOURA, H. A. Formando professores que aprendem a partir dos relatos: uma experiência na Faculdade de Formação de Professores (FFP) da UERJ. *Revista FAEEBA*, v. 17, p. 137-146, 2008.

_____, PIERRO, G. M. S. Práticas de ensino e espaços educativos: formação docente na Faculdade de Formação de Professores da UERJ. *Espaço (INES).* v. 28, p. 88-97, 2007.

GOODSON, Ivor. Dar voz ao professor: as histórias de vida dos professores e o seu desenvolvimento profissional. In: NÓVOA, António (Org.) *Vidas de Professores.* 2.ed. Lisboa: Porto Editora, 1990, p. 63-78.

JOSSO, M. C. *Experiências de vida e formação.* Lisboa: EDUCA, 2002.

KRAMER, Sônia. Educação, imagem e arte: inquietações em tempos de guerra e de paz. In: *Anais do II Seminário Internacional Redes de conhecimentos.* Disponível em http://www.lab-eduimagem.pro.br/frames/seminarios/pdf/convsk.pdf. Rio de Janeiro: UERJ/Laboratório de Educação e Imagem, 2005

MORIN, Edgar (org). *Educar na era planetária:* o pensamento complexo como método de aprendizagem no erro e na incerteza humana. São Paulo: Cortez, 2003.

NÓVOA, Antonio. Os professores e as histórias da sua vida. In: NÓVOA, Antonio. (Org.). *Vidas de professores.* Porto: Porto Editora, 1992.

_____(coord). *Os professores e a sua formação.* Lisboa: Dom Quixote, 1995

PINEAU, G. *Temporalidades na formação:* rumo a novos sincronizadores. São Paulo: Triom, 2004.

SOUSA, Cynthia Pereira de. Percursos de formação nas memórias de docentes universitários: análise comparada. *Educação e Linguagem, memória na educação.* São Paulo, ano 8, n. 11, p. 105-122, jan-jun., 2005.

SOUZA, E. C. de. *Autobiografias, histórias de vida e formação:* pesquisa e ensino. Porto Alegre: EDIPUCRS; Salvador: EDUNEB, 2007.

_____. *O conhecimento de si:* estágio e narrativas de formação de professores. Rio de Janeiro: DP&A; Salvador: UNEB, 2006.

_____. Estágio e narrativa de formação: escrita (auto)biográfica e autoformação. *Educação e linguagem, memórias na educação.* São Paulo, ano 8, n. 11, p. 51-73, jan-jun., 2005.

TARDIF, M. *Saberes docentes e formação profissional.* Petrópolis, RJ: Vozes, 2002.

THOMSON, Alistair. Recompondo a memória: questões sobre a relação entre história oral e memória. In: *Revista Projeto* – História. Ética e História Oral. São Paulo, 1997, (15), p. 51-84.

Linguagem e educação: Histórias de si nos percursos de formação pessoal e profissional

Kátia Maria Santos Moura

O texto (auto)biográfico tem sido, ao longo da minha vida, um gênero textual que me envolve tanto nas práticas de leitura como de escrita. Nas atividades de escrita acadêmica, por exemplo, quase sempre assumo o estilo de uma composição textual que procura manter um processo reflexivo sobre o objeto temático em uma constante interação dialógica comigo mesma, com minha história de vida pessoal e profissional, buscando respostas nas leituras com meus autores-chave e provocando a discussão com os supostos leitores. Reconheço que essa é uma formatação que, intrinsecamente, acontece com grande parte dos autores que se propõem a escrever textos acadêmicos na pesquisa em educação; penso, entretanto, que no meu caso é assim que, conscientemente, faço a opção por expressar conteúdos que vão além daqueles exclusivamente "acadêmicos", mas que, inevitavelmente, estão atrelados ao meu pensar acadêmico. Estabeleço, assim, a tríade eu-comigo mesma / eu-leitora/ eu-educadora em um processo de reflexão-ação-reflexão, situando a leitura e a escritura nas interfaces desse processo dialógico e dialético.

Nessa perspectiva, afirmo que os episódios que acontecem na nossa trajetória de vida são eles que, sem dúvida, tecem o nosso jeito de ser, de pensar a vida. Certas memórias que definem uma temporalidade, ou seja, um tempo marcado não pelo cronológico, mas pela mudança de si, por uma subjetivação. Um exemplo do que digo está em Mota (2002, p. 22) quando, ao discutir as questões da pedagogia da leitura, percebo que tudo o que proponho no texto emerge das experiências vividas na minha iniciação enquanto leitora.

> Ainda me lembro nitidamente do meu primeiro livro de estória que me contava a história de uma boneca[1]; cada dia em que líamos, em grupo, uma nova página, novas emoções surgiam. Sofri muito quando a boneca caiu da janela e foi parar no tabuleiro de um feirante. Como foi difícil esperar o dia seguinte para saber sobre o destino da boneca! Aprendi, a partir dessa minha primeira experiência, que leitura é envolvimento, é paixão, é mágica.

As narrativas autobiográficas se entrelaçam entre os tempos do presente com o passado; o que se passou responde ao que se vivencia no momento presente, mas, por outro lado, essa narrativa de um tempo passado configura-se a partir de uma (re) leitura que se realiza na subjetividade que carrego no tempo presente. O terceiro vértice da triangulação da temporalidade, o tempo futuro, paradoxalmente, já se inclui nas narrativas do presente, considerando que a partir da minha fala, quando me reporto ao passado, elaboro uma enunciação no presente com a qual intenciono formar uma imagem de mim para o outro, para o que eu quero que o outro pense de mim, e, sobretudo, o que eu quero fazer de mim. Assim, as narrativas assumem um caráter performativo no sentido proposto pela Pragmática de Austin (1965) – ao dizer algo, a ação se concretiza, ou seja, as palavras determinam as coisas, dizer é fazer. Nesse sentido, Pineau (2004, p. 197) reconhece que as histórias de vida são uma experiência pragmática performativa.

---

1 Trata-se do conto infantil "A bonequinha preta", de autoria de Alaíde Lisboa de Oliveira, com terceira edição pela Editora Lê, Belo Horizonte, 2004

Adotando essaa perspectiva, as narrativas não são atreladas a um tempo fixo, ao contrário, o tempo da memória é mutante e dinâmico e transcende as fronteiras das etapas da vida. A triangulação da temporalidade é explicada por Pineau (2004, p. 218, 219) em três pontos: (a) existem tantos tempos quantos os seres; (b) cada tempo único é formado de tempos plurais; (c) a temporalidade como movimento fundamenta todo ser. O autor complementa:

> Caso as fronteiras entre os diferentes tempos existam, elas não são absolutas e isto por dois motivos: elas estabelecem comunicação, ao mesmo tempo que delimitam e são flutuantes. Esta dupla relatividade justificou a hipótese básica deste ensaio: a impossibilidade de determinar as fronteiras temporais absolutamente objetivas justifica a possibilidade subjetiva de fazê-lo. E cada sujeito se fundamenta através desta operação.

Como pesquisadora da área de linguagem, recorro às narrativas de histórias de si como instrumento de pesquisa que elucidam as questões de linguagem e identidade, na tentativa de compreender as dinâmicas da interação verbal nas modalidades da oralidade e do letramento. A pesquisa (auto)biográfica revela episódios que demarcam questões subjetivas que intervêm nos processos sociolinguísticos como, por exemplo, a formação do leitor, a familiaridade ou distanciamento com línguas estrangeiras, a competência comunicativa nos eventos de fala em língua materna ou estrangeira, a autonomia na produção textual, dentre os vários eixos temáticos que envolvem o sujeito social que se constitui pela língua(gem) a qual, por sua vez, é constitutiva da sua realidade.

Proponho, então, neste texto discutir a produção de pesquisa que temos desenvolvido no campo do conhecimento em que se situa a linguagem e a educação, com o apoio teórico-metodológico da pesquisa (auto)biográfica. As seções que se seguem descrevem dois tipos de experiências de pesquisa: a socialização de imigrantes em situação de bilinguismo e o papel social do letramento em sujeitos analfabetizados ou com baixa escolaridade.

Famílias imigrantes e os entre-lugares da vida nas fronteiras linguísticas

Iniciei uma experiência de pesquisa com narrativas (auto)-biográficas na minha tese de doutorado (MOTA, 1999), ao estudar sobre o cotidiano da vida do imigrante com enfoque no processo de aculturação à comunidade estrangeira em uma situação de enfrentamento de uma segunda língua da qual os sujeitos revelavam conhecimento mínimo ou quase nulo. Acompanhando doze famílias brasileiras, com tempo de residência nos Estados Unidos entre três a dez anos, registrei suas narrativas de vida através das quais pude analisar a ambivalência entre o conflito e o convívio das duas línguas, duas culturas, dois projetos de vida. O tempo futuro, ficar nos Estados Unidos ou voltar para o Brasil, determina substancialmente o posicionamento que o imigrante estabelece nas suas relações interculturais, ou seja, nas suas subjetividades que formatam as leituras de vida sobre o país do outro ou nas suas memórias do que deixou no Brasil.

O que é narrado no tempo presente, na verdade, revela sentimentos de saudades e/ou de esperanças – que manifestam, intencionalmente ou não, o desejo de voltar ao seu país de origem (fixando-se no tempo passado) ou de tornar-se cidadão no país hospedeiro (optando pelo tempo futuro). Nessa situação de ambivalência, da vida entre-lugares, predomina o tempo subjetivo que não se compatibiliza com o tempo cronológico. Essa realidade se manifesta na identidade linguística. Muito cedo o imigrante percebe o fato de que não ser capaz de falar inglês é um grande obstáculo na sua socialização que interfere não só nas suas oportunidades de trabalho, mas também na subjetivação da sua identidade pessoal. Sentimentos de tristeza, de raiva, de constrangimento são constantes nas suas narrativas. Algumas vezes são inventadas estratégias de sobrevivência que reforçam o emudecimento de si próprio como uma situação mais confortável do que a de ter que admitir sua "ignorância" na língua estrangeira.

> Aquela história, você passar de dono para empregado. Não fala inglês. Todo mundo te xingando, achando que você é ignorante e você sabe que não é ignorante. E a pessoa te trata como você fosse um tapado. Uma pessoa com menos conhecimento mandando em você. É um choque. No começo as coisas foram muito difíceis, mas quando começa a entrar dinheiro, as coisas começam a se amenizar. Eu tenho raiva de que não sei inglês suficiente. É triste. É uma coisa que incomoda porque você não sabe se comunicar, você não é ninguém. (Sra. Silva[2])
> Quando eu cheguei aqui eu saía com meu filho para andar pela rua e parecia um castigo porque sempre alguém se aproximava para perguntar alguma coisa. Eu falava *I don't speak English.* Eu não suporto dizer isso. Uma vez eu já estava cansada disso, eu passei por um posto de gasolina e uma mulher parou o carro e me perguntou alguma coisa. Aí então eu decidi fazer um gesto com a mão na boca e fingir que era muda. A mulher aí demonstrou solidariedade e disse *I'm sorry.* Descobri que é melhor ser muda do que não falar a língua. A gente se sente mais envergonhada quando mostra que não sabe falar a língua deles. (Sra. Cardoso)

Com base na pesquisa etnográfica desenvolvida em cinco domínios sociais (casa, escola, trabalho, comunidade, igreja), os diversos padrões comunicativos foram analisados a partir de ob-

2 Neste texto todos os nomes de informantes serão fictícios, com exceção daqueles que são de pessoas que optaram pela identificação verdadeira (nesse caso, sinalizaremos na passagem específica).

servações participativas e complementados com entrevistas narrativas através das quais os imigrantes expressam valores, crenças e atitudes associados à escolha linguística em português e/ou inglês. As narrativas revelam as vinculações de situações da vida real com determinados padrões comunicativos que, na verdade, se constituem na consciência metacomunicativa que cada sujeito constrói de si próprio enquanto falante em um cenário de confluência de duas línguas. O conjunto de narrativas foi organizado em vários eixos temáticos entre os quais destaco os padrões sociolinguísticos intergeracionais que, em grande parte, revelam: os conflitos familiares por conta das fronteiras linguísticas (MOTA, 2007), os esforços de preservação da língua materna como forma de preservação da tradição familiar (MOTA, 2004) e o papel da segunda geração nas questões de identidade linguística (MOTA, 2008a, MOTA, 2008b).

Nessa pesquisa, as narrativas de vida são essenciais no sentido de dar visibilidade às subjetividades que permeiam os comportamentos comunicativos, ou seja, como o sujeito reflete sobre o seu desempenho comunicativo nas esferas privada e pública do seu cotidiano. No caso das crianças e adolescentes, por exemplo, uma geração cuja realidade cotidiana acontece a partir do convívio com um entrecruzamento de discursos vários - o familiar (que fala do desejo da transitoriedade da experiência), o escolar (que instiga a necessidade de assimilação ao mundo anglo-americano), o da comunidade brasileira (que exige lealdade à tradição das raízes), o da comunidade norte-americana (que promete os prazeres da sociedade de consumo) –, a busca da identidade circula em torno do tempo presente (o que já lhe é assegurado no país hospedeiro) com as incertezas do tempo futuro (o que lhe é desconhecido na terra natal).

> Estou precisando ir no Brasil para ver. Quero saber, quero descobrir. Eu estou agora com muita dificuldade com esse negócio de identidade. Estou com falta de alguma coisa. Eu acho que só vou achar essa coisa quando chegar lá. Estou com muito vazio. Quero ir lá pra saber o que eu quero pra minha vida, pra meu

futuro. Se eu fico aqui eu já sei como vai ser, mas se eu quiser ir pra lá, como é que vai ser? (Candice, 17 anos)

Nesse breve relato de uma pesquisa vasta cujos resultados ainda continuam rendendo algumas discussões, objeto de novas leituras transpostas para novos textos, justifico a minha opção pelo uso de narrativas (auto)biográficas como textos elucidativos em pesquisas sociolinguísticas que priorizam o sujeito enquanto ator social capaz de refletir sobre sua (in)competência comunicativa em situações cotidianas nas quais os padrões linguísticos refletem as relações de poder que se estabelecem nas diversas esferas sociais.

Histórias de vida em EJA: conflitos extralinguísticos em jogo

A partir da minha inserção como docente do PPGEduC[3], optei pela pesquisa direcionada para a Educação de jovens e adultos (EJA), ao reconhecer a importância que a prática da escuta sensível das histórias de vida de jovens e adultos de classes populares traz para uma reflexão pedagógica na formação docente sobre as questões curriculares que envolvem a oralidade e o letramento. Tendo essa postura em mente, coloquei-me como membro do GRAFHO[4], na disposição de coordenar e orientar pesquisas que enfoquem sujeitos de baixa ou nenhuma escolaridade, como atores sociais que produzem um amplo repertório de conteúdos direcionados para as seguintes temáticas: história oral de comunidades rurais com ênfase nos falares e narrativas que envolvem experiências

3 Programa de Pós-Graduação Educação e Contemporaneidade, da Universidade do Estado da Bahia (UNEB).

4 Grupo de Pesquisa (Auto)Biográfica, inscrito no CNPQ, e coordenado pelo Prof. Dr. Elizeu Clementino de Souza.

coletivas da cultura local; história de vida familiar e ou escolar com ênfase nas experiências de eventos de fala e de letramento; história de vida na trajetória de formação pessoal e profissional com ênfase na compreensão que o sujeito manifesta sobre sua (in)competência comunicativa.

Paralelamente ao que acontece no enfrentamento da língua estrangeira, vários grupos de falantes da língua portuguesa passam por situações de sentir-se "estrangeiro" na língua que, normalmente, usam nas interações cotidianas. Isso se esclarece a partir de dois pressupostos: (a) que a língua portuguesa não funciona, na verdade, como língua materna na socialização familiar de alguns grupos populacionais do país; (b) que a hierarquização entre as variantes linguísticas do Português do Brasil determina barreiras comunicativas nas interlocuções que envolvem falantes provenientes de camadas sociais subalternizadas.

Em ambas as situações, desenvolvemos pesquisas que envolvem a metodologia da pesquisa etnográfica, com base na Sociolinguística Interacional, na qual a descrição de situações reais de comunicação nos diversos domínios sociais revela o jogo de relações de poder que se estabelece entre os interlocutores. O controle da palavra (quem fala o quê, para quem e como fala) é regido pelos falantes que dominam as línguas ou dialetos de maior prestígio social, isto quer dizer que as razões que estimulam a competência comunicativa são de ordem extralinguística.

A abordagem etnográfica, nesse caso, prima pela eficiência de prover uma descrição analítica sobre os padrões (extra)linguísticos que regulam os eventos comunicativos (de fala ou de letramento) com marcações direcionadas para os efeitos de sentido que produzem nas dinâmicas conversacionais. Nesse mesmo campo de pesquisa, as narrativas (auto)biográficas, entretanto, se tornam bem mais eficientes para o registro das subjetivações que se entrelaçam com o comportamento comunicativo, ou seja, os valores, sentimentos, crenças e atitudes dos participantes de uma interação verbal. Para o pesquisador é valioso conhecer os relatos metalinguísticos que o sujeito constrói sobre a sua própria (in)competência comunicativa atrelada às questões identitárias que se estabelecem a partir das diversas experiências de comunicação que acontecem na sua história de vida.

Retomando ao primeiro pressuposto mencionado – o de que a língua portuguesa não funciona, na verdade, como língua materna na socialização familiar de alguns grupos populacionais do país –, nos aproximamos das narrativas de vida de sujeitos provenientes de comunidades de fala sociolinguisticamente minoritarizadas, buscando compreender os posicionamentos de subjetivação que regem as suas falas a partir da consciência de uma identidade linguística supostamente fragmentada. Esses grupos de minorias etnolinguísticas socialmente desprestigiadas têm sido amplamente discutidos por vários autores interessados em descrever o Brasil como um país de muitas línguas, línguas essas excluídas, ignoradas e historicamente dizimadas, como nos revela Cavalcanti (1999) ao apontar que no nosso mapa sociolinguístico ainda temos cerca de 180 línguas indígenas sobreviventes, além dos grupos imigrantes que mantêm vivas, muitas vezes como língua materna, aproximadamente 30 línguas. No caso das comunidades indígenas, por exemplo, os sentimentos de desejo e de pertença ao universo da língua indígena se confrontam com uma política excludente na qual o sujeito se sente impulsionado a ter que fazer uma escolha linguística.

Paralelamente ao que acontece com as minorias imigrantes relatadas em seção anterior deste texto, a vida entre lugares de diferentes ordens sociais causa um estranhamento da língua que se fala e, ao mesmo tempo, um desejo de recuperar a língua de herança a qual lhe foi negada como língua materna. Há uma quase impossibilidade de manutenção de uma identidade bilíngue/bicultural, situação essa que se revela em conflitos emocionais identificados, por exemplo, nas narrativas de vida de professores indígenas em formação, como se expressa um professor Shawãdawa na pesquisa de Maher (2001, p. 120):

> Esta vontade [de aprender Shawãdawa] vem porque além de ser a nossa língua de minha comunidade, ela é nossa língua própria mesmo... Eu falo, eu estou falando aqui em português: a cara, a língua, a boca tudo é minha, agora a fala não é minha porque a língua é emprestada... [após uma pequena pausa, sorrindo] Num é e é, né?... vai e vem... é, e num é.

Retomando, agora, o segundo pressuposto – que a hierarquização entre as variantes linguísticas do Português do Brasil determina barreiras comunicativas nas interlocuções que envolvem falantes provenientes de camadas sociais subalternizadas –, nos concentramos em conhecer as histórias de vida de jovens e adultos com pouca ou nenhuma escolaridade. Os relatos nos revelam conflitos comunicativos das comunidades de fala com forte tradição cultural na oralidade, em uma variante linguística popular, na experiência de situações sociais reguladas por uma cultura grafocêntrica.

> Porque quem não estuda, como é que vai no Banco resolver um pobrema no Banco? Assinar, né? Vai fazer um negócio, pegar um documento, receber um dinheiro, uma coisa, não sabe nem assinar, tem que colocar o dedo. Quem não sabe ler é cego! Antigamente eu ouvia minha vó dizer: quem não sabe ler, minha linda, é cego... é cego. Eu sei agora, eu fiquei entendendo que é mesmo, que quem não sabe ler é cego. Porque já pensou quando alguém perguntar: aquele nome que tá ali, que nome é aquele? E eu já sei ler, ler tudo isso é muito importante. O estudo transformou a minha vida e vai transformar ainda mais (I. M. C., 64 anos[5]).

No relato de I. M.C. identificamos que, ao considerar o sujeito analfabetizado como deficiente visual, ela se solidariza com o relato

5 Pesquisa realizada em uma classe do MST na Bahia, sob minha orientação, como corpus da dissertação de mestrado de Souza (2007).

da Sra. Cardoso (apresentado anteriormente), imigrante brasileira que se "assume socialmente" como uma pessoa muda pelo fato de não saber falar inglês. Em ambos os casos a incompetência comunicativa se categoriza como uma deficiência física, e, além disso, esses sujeitos se auto-responsabilizam pelas suas dificuldades de ordem (extra)linguística. Na verdade, como já conhecemos de inúmeras pesquisas sobre analfabetismo, as representações sociais naturalizam os efeitos da exclusão social por conta das omissões do Estado em assegurar o direito de escolarização com qualidade para todos os cidadãos. Ainda tomando como exemplo a narrativa de história de vida escolar de I. M. C., percebemos que, ao trazer as lembranças dos ditos da avó, ela ancora suas crenças do tempo presente nas experiências passadas em sua infância, em diálogo com a voz de sua avó e, ao afirmar que já sabe ler, ela responde à avó que sua vida se transforma a partir da leitura, deixando, assim, de ser cega. São nesses instantes de subjetivação que as narrativas de vida revelam o diálogo que trazemos com personagens que circularam na nossa vida passada cujas vozes ecoam a partir das leituras que fazemos na situação em que nos encontramos hoje. Assim, essas narrativas se configuram como uma tomada de consciência, uma compreensão sobre a nossa trajetória de vida pessoal e profissional, uma releitura do lugar que o sujeito passa a ocupar a partir da sua fala.

Outros personagens que não tiveram a oportunidade de "transformar sua vida pela leitura", nos contam sobre episódios de constrangimento em situações sociais diversas.

> Agora a coisa é ruim pra quem não sabe ler, é ruim demais. O ano passado em dezembro, eu cheguei num restorante lá em São Paulo com minha filha e daqui a pouco já traz a comida, mas pelo cardápio do livro, cada um que se despacha. A senhora sabe que eu nem sabia? !! O meu que tava do meu lado, tava de um jeito como que eu já tinha almoçado. A menina leu e disse: – "Pai, vire a capa". E quase eu saia sem almoçar porque

> não sabia ler e pedir a comida que tinha no livro (risos). Agora que já passei essa, não passo nunca mais quando chegar num restaurante. O restaurante grande, desgraçado, gente que só a disgrama, de toda qualidade. Oi, quando eu saí , saí dizendo: Mas quem num sabe ler, é discarado!!! (risos). Mais agora não tem jeito, o jeito é morrer do jeito que tá. (Sr. Zé Rufino)[6]

Essa narrativa surge quando Sr. Zé Rufino nos fala da experiência de ter viajado para São Paulo e, orgulhosamente, de ter tido a companhia da filha para levá-lo a conhecer as coisas de uma cidade grande e, aí, termina parando num restaurante. Um lugar onde, comumente, as pessoas se confraternizam, mas para o nosso personagem este passa a ser um lugar em que se sente envergonhado ao perceber que a escolha do prato está condicionada à leitura do cardápio; confessa que teria saído sem comer se não fosse a intervenção da filha. Essa é uma confissão que, certamente, repercute na sua autoestima, mas, paradoxalmente, é acompanhada de risos – estratégia muito comum em situações que a pessoa sinaliza para o "tragicômico" da situação (também muito encontrado nas narrativas dos imigrantes). Interessante, também, observar que, semelhante ao que acontecem entre as gerações de pais e filhos das comunidades imigrantes (quando os filhos assumem o poder da família pelo domínio da língua dominante), ocorre uma inversão de autoridade entre as duas gerações pelo fato de que a filha já domina as práticas de letramento exigidas no contexto de um restaurante. O teor cômico da sua narrativa persiste até quando ele se autoqualifica de forma desprezível, chegando a afirmar a irreversibilidade da sua situação de analfabetizado ao declarar sua sentença de morrer analfabetizado.

---

6 Pesquisa realizada em Saquinho, comunidade rural da Bahia, sob minha orientação, como corpus da dissertação de mestrado de Santos (2008). O nome do informante foi mantido por se tratar de uma pesquisa que prestigia as vozes dos residentes mais idosos da comunidade como patrimônio cultural local.

Essas narrativas são altamente significativas para o pesquisador em EJA, pois dão visibilidade aos vários eventos de letramento nos quais o sujeito se sente humilhado, marginalizado, silenciado, impossibilitado de usar a linguagem nos seus múltiplos usos funcionais. São relatos da memória individual que se configuram, potencialmente, como parte de uma memória coletiva. A negação do direito de escolaridade, no caso desses sujeitos, pobres e negros, se demarca historicamente desde a infância quando as representações sociais em referência às identidades racial e de gênero, por exemplo, são fatores determinantes para perdurar a situação dos analfabetizados no Brasil. É o que nos revela D. Catarina[7] ao nos contar a sua história de família.

> Estudar era pra quem tinha condição. A gente já tinha entendimento de estudar, mas não tinha condição de ir para o Riacho todos os dias. Como podia? Tinha que caminhar todos os dias, levar o que comer, precisava de munição em casa e a gente não tem condição. A gente precisava de ter condição, porque saia de manhã cedo e só voltava a tarde, tinha que levar o que comer. E a gente não tinha munição. Só estudava quem podia. Depois na roça apareceu uns menino que sabia ler, um bando por aí. Abria casa e pegava a ensinar, mas era os pai pagando. Só estudava também aquele que os pais podia pagar o professor. Os meu dois irmão mais novo Anjo e Lourenço estudou que meu pai pagou. E as muié de lá de casa nenhuma estudou. Naquele tempo os pais era ignorante, não deixava muié aprender a ler porque escrevia bilhete e recebia bilhete dos rapaz.

7 Informante de Santos (2008). Veja informações na nota 5.

Histórias de vida:
Pistas para uma reflexão pedagógica em EJA

As histórias de vida de pessoas de classes populares – que nos trazem vozes e cenários dos ambientes familiares, escolares e outros nos quais se pode compreender o papel social da competência comunicativa nas modalidades de oralidade e letramento e suas implicações na formação das identidades sociais – tornam-se um valioso material para a formação docente no sentido de proporcionar o exercício da escuta da voz do estudante de EJA o qual pode nos revelar suas motivações, necessidades e desejos, como nos fala Josso (2006, p. 27):

> Os relatos de histórias de vida permitem confirmar uma constatação importante para legitimar a importância das práticas de explicitação e de desenvolvimento de projetos de formação: o caráter extremamente heterogêneo das motivações, necessidades e desejos que dinamizam o investimento de estudantes adultos e profissionais em formação contínua.

A partir da prática da escuta sensível, Josso nos apresenta o professor/formador como um condutor que se disponibiliza a levar o aprendiz de uma margem à outra se norteando nos questionamentos direcionados aos sujeitos no seu processo de (auto)conhecimento nas suas aprendizagens ao longo da vida e de formulação do seu projeto de formação. Segundo a autora, a tarefa do educador/pesquisador seria de

> Acompanhar a mutação ou demanda de formação em um projeto de formação biograficamente significativo, ou dito de outro modo, como parte de um conjunto em movimento: a história de um ser humano em devir – eis a tarefa a que se propõe o formador-condutor ou o professor-condutor respon-

> dendo à demanda de formação que lhe é dirigida implícita ou explicitamente. (p. 31)

O sujeito da EJA traz uma história de vida silenciada, negada pela escola considerando que não se faz a escuta desses saberes experienciais e, nem tampouco, a escola tenciona incorporar essas diversas aprendizagens ao longo da vida como material de reflexão para a proposição de práticas curriculares significativas. Essa carência, esse desconhecimento da identidade do sujeito da EJA implica na falta de acolhimento que provoca grande parte da evasão escolar. Assim me posiciono na constatação seguinte (MOTA 2002: 23).

> Conto para vocês o caso de Nalva, uma doméstica evangélica com quem convivo, que abandonou a escola dizendo-me: "Não dou pra essas coisas de escola, minha cabeça faz muita confusão quando me dão aquelas coisas pra ler. Prefiro ir pra igreja". Passado um certo tempo, para minha surpresa, descobri que, ao frequentar a igreja, Nalva vai retomando suas atividades de leitura, pois, diariamente, ela encontra tempo e motivação para ler passagens bíblicas que, na sua visão, dão-lhe respostas para as coisas da vida. Afastada da escola formal e participante da escola da vida, observo, ao conversar com Nalva, que ela vai se tornando uma leitora eficiente e competente. Outro dia ela me pediu revistas emprestadas e fiquei feliz ao ouvir suas respostas inteligentes sobre trechos de reportagens da Veja. Fico a pensar que, lamentavelmente, muitas Nalvas são excluídas das salas de aula por causa das "leituras confusas" que a escola impõe.

O depoimento de Nalva nos faz pensar sobre o espaço de aprendizagem que a escola delega para outras instituições as quais, quase sempre, adotam pedagogias da leitura bem distantes dos ensinamentos de Freire. Duvidamos, por exemplo, se as práticas de leitura desenvolvidas pelas igrejas contribuem para a formação de um leitor autônomo. No caso de Nalva, acredito que a convivência com o ambiente letrado da nossa casa e os constantes momentos de conversa que trocávamos tenham contribuído de forma significativa para que as suas práticas de leitura não ficassem exclusivamente na leitura da Bíblia.

Uma outra vertente de aplicação da pesquisa (auto)biográfica para a EJA vem das leituras interpretativas que fazemos das entrevistas narrativas as quais nos dão pistas para uma reflexão sobre a pedagogia do ensino da língua portuguesa em EJA. São colocações que merecem uma reflexão entre os educadores para que suas práticas pedagógicas respondam aos anseios, interesses e necessidades dos estudantes. As falas seguintes, por exemplo, nos trazem conteúdos específicos sobre os gêneros textuais no ensino da leitura. Será que os professores dão crédito ao que mobiliza o estudante enquanto leitor? Será que os gêneros textuais elencados nos programas de curso incluem as práticas de leitura dos estudantes? Vejamos o que nos diz essa trabalhadora doméstica.

> Às vezes eu gosto de ler no jornal umas coisinhas assim... Eu gosto de ler nota de falecimento... Notícias de morte, saber quem mataram... Assim se um carro foi destruído, eu gosto de saber como ele foi destruído... Outras coisas assim que não é para mim eu não leio não. O que eu acho que tem no jornal que não é para mim é estas coisas grandes que vocês leem. Eu acho que o que eu leio vocês não se interessam muito... Vocês se ligam em outras coisas que eu não me ligo... (Mara, 50 anos)[8]

Finalizo, então, este texto na certeza de que precisamos reverter nossas pesquisas, sobretudo as que lidam com histórias reais de

---

8 Pesquisa realizada, sob minha orientação, tendo um grupo de empregadas domésticas em um condomínio de Salvador como corpus da dissertação de mestrado de Topázio (2007).

sujeitos já tão castigados pela desigualdade social, para servir como material autêntico na formação docente em EJA no sentido de fazer com que os educadores tenham sempre vivas as vozes desses sujeitos em cada dia de aula, em cada atividade escolar, na idealização que a sala de aula se torne um espaço de diálogo produtivo, de solidariedade e de esperança para os jovens e adultos que, apesar de tudo, ainda persistem em bater às portas da escola.

Referências bibliográficas

AUSTIN, J. L. *How to do things with words*. New York: Oxford University Press, 1965.

CAVALCANTI, Marilda. Estudos sobre educação bilíngue e escolarização em contextos de minorias linguísticas no Brasil, *D.E.L.T.A.*, vol. 15, 1999, p. 385-417.

JOSSO, M. C. Os relatos de histórias de vida como desvelamento dos desafios existenciais da formação e do conhecimento: destinos sócio-culturais e projetos de vida programados na invenção de si. In: SOUZA, E. C.; ABRAHÃO, M. H. M. B. (Orgs.) *Tempos, narrativas e ficções: a invenção de si*. Porto Alegre, Salvador: EDIPUCRS, EDUNEB, 2006.

MAHER, Tereza M. Sendo índio em português. In: SIGNORINI, I. (org.) *Língua(gem) e Identidade*. Campinas, SP: Mercado de Letras, 2001, p. 115–138.

MOTA, Katia. O tripé identidade, língua e nação nas falas de jovens brasileiros imigrantes nos Estados Unidos. *Trabalhos em Linguística Aplicada*, Campinas, SP, volume 47(2), 2008a, pp. 309-322.

_____. Two languages at play: language boundaries in the speech of second-generation Brazilian Immigrants. In: JOUËT-PASTRÉ, C. & BRAGA, L. (eds) *Becoming Brazuca*: Brazilian Immigration to the United States, Cambridge, Massachusetts: Harvard University Press, 2008b, pp. 313-337.

_____. Mulheres Brasileiras Imigrantes nos Estados Unidos: (des) caminhos do bilinguismo em trajetórias de identidades. In: CAVALCANTI, Marilda; BORTONI-RICARDO, Stella Maris (orgs.) *Transculturalidade, Linguagem e Educação*. Campinas, SP: Mercado de Letras, 2007, pp. 143-174.

_____. Aulas de português fora da escola: famílias imigrantes brasileiras, esforços de preservação da língua materna. In: *Cadernos Cedes*, Campinas, vol. 24, n. 63, p. 129-248, maio/ago. 2004, pp. 149–163.

______. A linguagem da vida, a linguagem da escola: inclusão ou exclusão? Uma breve reflexão linguística para não linguistas. *Revista da FAEEBA*, Salvador, v. 11, 2002, p. 13-26.

______. *Imigrantes brasileiros nos Estados Unidos: trajetórias de identidades em uma situação de bilinguismo.* Tese de doutorado. Brown University, Providence, E.U.A., 1999, 269 p.

PINEAU, Gaston. *Temporalidades na Formação*. São Paulo: Triom, 2004.

SANTOS, Áurea S. P. *Percursos da oralidade e letramento na comunidade de Squinho, município de Inhambupe, BA*. Dissertação de Mestrado – Universidade do Estado da Bahia, Salvador, 2008.

SOUZA, Janine F. *Dá licença d'eu falá? Os entre-lugares da competência comunicativa de Jovens e Adultos.* Dissertação de Mestrado – Universidade do Estado da Bahia, Salvador, 2007.

TOPÁZIO, Joseane de A. *Trabalhadoras domésticas em um condomínio de Salvador: saberes e fazeres matemáticos em suas histórias de vida.* Dissertação de Mestrado, Universidade do Estado da Bahia, Salvador, 2007.

Redes coletivas de (auto)formação docente: Narrativas, experiências e a (re)construção de saberes e fazeres alfabetizadores

Carmen Sanches Sampaio

La narrativa es una forma de caracterizar los fenómenos de la experiencia humana.

(Connely y Clandinin, 1995)

Coordeno um projeto de pesquisa – *Fórum de Alfabetização, Leitura e Escrita* (FALE)[1] – que reúne, uma vez por mês, na universidade, professores(as) alfabetizadores(as), docentes universitários, estudantes de cursos de Formação de Professores. Nos encontros do FALE a mesa é sempre formada por uma professora ou professor alfabetizador e um docente vinculado à universidade. A professora alfabetizadora (ou professor) conta sobre sua prática cotidiana realizada com as crianças, narra o que faz com os alunos e alunas com os quais trabalha, socializa seus saberes/fazeres. O docente vinculado à

1 Que tem como objetivos gerais: (i) pesquisar saberes e fazeres cotidianos de professores(as) alfabetizadores(as) através de narrativas (orais e escritas) e (ii) investir na formação da professora alfabetizadora contribuindo para sua afirmação como sujeito produtor de conhecimentos. Em seu 1° ano (2007) contou com o apoio da FAPERJ. Participam da pesquisa dois estudantes do Curso de Pedagogia/UniRio – bolsistas de Iniciação Científica (IC/UniRio e IC/Cnpq). No ano de 2009 o FALE aconteceu, também, no município de Três Rios/RJ e na Faculdade de Formação de Professores da UERJ/São Gonçalo. Os encontros, na UniRio, são realizados sempre aos sábados, de 9h às 12h. Nesses três anos de realização contamos com uma média de 90 a 110 participantes, por encontro. Todos os encontros do FALE são fotografados, gravados em vídeo e transcritos. www.neppec.com.br

universidade fala, também, de suas experiências e pesquisas sobre o tema em pauta.

Escola Básica e Universidade dialogam, ensinam e aprendem uma com a outra abrindo espaços para que o grupo interfira apontando questões que possam ser aprofundadas e pensadas a partir de outros pontos de vista. A partir das narrativas das histórias experienciadas no dia a dia com os alunos e alunas, os que narram e os que ouvem podem ir percebendo que as práticas têm historicidade, pois estão vinculadas aos sujeitos que as constroem. O *falar* sobre *o que* e *como faz* revela, também, o envolvimento com o trabalho realizado, dando a dimensão de que a experiência é de fato aquilo que *nos* acontece. Aprendemos com Benjamin (1992): *contar a outro* possibilita o (com)partilhar a ação, tornando a experiência – ação refletida, rememorada, compartilhada – infinita.

Conversar, estudar, discutir, investigar a experiência pedagógica *dos praticantes dos cotidianos* (CERTEAU, 1996), professoras(es) alfabetizadoras(es), a partir do que narram, oralmente ou por escrito, rompendo com uma concepção de formação e relação entre pesquisadores e docentes que têm mantido em silêncio professores e professoras, tratados(as) como meros objetos de estudo (CONNELY & CLANDININ, 1995) é a opção teórico-epistemológica e política assumida nessa *investigação-formação,* que se inscreve, na perspectiva da *investigação narrativa* (idem).

A pesquisa, em desenvolvimento, confirma: a elaboração coletiva de narrativas docentes, orais e/ou escritas, provoca a configuração de *comunidades de atenção mútua* (idem) entre os professores(as) – da escola básica e da universidade – ou, como tenho denominado, uma *comunidade de (auto)formação docente (com)partilhada,* pois a natureza colaborativa é constitutiva desse processo.

Daniel Suaréz (2007), na discussão realizada sobre a *documentação narrativa das práticas docentes* amplia questões e aponta possibilidades de trabalho com as narrativas docentes. Ele nos diz que "los textos y narraciones que se producen en estos espacios de trabajo colaborativo se orientan a desarrollar y poner a prueba "lo que sucede" em los espacios escolares y "lo que **les** sucede" a los actores educativos cuando los hacen y transitan".

Nas *redes de formação docente* – nos encontros do FALE e nos encontros do Grupo de Estudos e Pesquisa das(os) Professoras(es) Narradoras(es), o Geppan/UniRio[2], um modo mais solidário, coletivo e dialógico de construção de conhecimentos é priorizado e perseguido. Investigar, de modo (com)partilhado **com** professoras(es) alfabetizadoras(es), modos de pensar e praticar a alfabetização de crianças das classes populares, na perspectiva da *professora pesquisadora* (ESTEBAN & ZACCUR, 2002), é o que nos mobiliza nessa pesquisa.

Tal proposta demanda uma metodologia adequada à complexidade do cotidiano escolar, perseguida nas ações investigativas que venho realizando. Uma metodologia em que o instituído atravessado pelas possibilidades de um cotidiano vivo, escapa às amarras do já dado, abrindo-se às práticas instituintes, na perspectiva do que Ferraço (2001) vem chamando de *metodologias de investigação-ação com o cotidiano,* que, além de preparar intervenções, exige o preparar-se para responder ao que se apresenta. Por sua vez, cada ação desencadeadora de novas ações faz-se acompanhar do permanente diálogo *práticateoriaprática*. Logo, é imprescindível que as(os) professoras(es) possam viver experiências em que o conhecimento construído na prática se potencialize nesse diálogo visando como horizonte de possibilidade a construção de uma autonomia docente capaz de responder aos desafios cotidianos da sala de aula – *espaço-tempo privilegiado* de (auto)formação docente (cf., SAMPAIO, 2008, 2009).

2 Grupo formado a partir da demanda de professoras alfabetizadoras que cursaram o curso de especialização *Alfabetização das crianças das classes populares*, em 2008, coordenado e ministrado pelo Grupalfa/UFF. Essas professoras frequentavam os encontros do FALE. Com a conclusão do curso, algumas me procuraram e solicitaram que, na parte da tarde, após os encontros do FALE, nos reuníssemos para estudar, refletir e discutir sobre alfabetização. http://geppan1.blogspot.com

E uma questão, dentre tantas, emerge: como compreender e interpretar saberes e fazeres das(os) professoras(es) alfabetizadoras(es), presentes em suas narrativas? "Dados" constituídos por evidências, *indícios e sinais* (GINSBURG, 1989) que fogem da mensuração e quantificação. Podem ser intuídos, observados, sentidos e articulados a acontecimentos experienciados no cotidiano da escola e narrados, oralmente e/ou através da escrita, pelas professoras(es) durante os encontros do FALE e do grupo de estudo e pesquisa (Geppan).

Nesse sentido, a epistemologia da complexidade (MORIN, 1995) oferece ferramentas conceituais imprescindíveis ao processo investigativo. A multiplicidade e a reciprocidade de diferentes pontos de vista podem ser um dos caminhos para tentar(mos) compreender os compreenderes que tecem, cotidianamente, práticas alfabetizadoras realizadas pelos docentes que frequentam o FALE e o Geppan.

Discutir saberes e fazeres docentes a partir de suas narrativas é a proposta desse texto. Narrativas de professoras e professores alfabetizadores(as), *sujeitos ordinários*, no dizer de Certeau (1996) que trazem ensinamentos, pistas, sinalizações, modos de pensar e agir ainda não (re)conhecidos e legitimados por determinados campos do saber científico. Formas outras de conhecimentos; discursos cotidianos que manifestam "complexidades lógicas das quais nem há suspeita nas formalizações eruditas" (idem, p. 72). Narrativas de professores(as) que revelam múltipas e singulares experiências docentes interrogando, nesse processo, o local privilegiado de formação do(a) professor(a), não mais uma concepção individual, solitária, mas um *lócus* onde a coletividade seja anunciadora de práticas pedagógicas/alfabetizadoras inscritas em movimentos emancipatórios, *restrigindo*, como alerta-nos Lacerda (2009), "a tutela e a racionalidade técnica que ainda rondam a escola".

No narrar, *dar-se a ler...*

Walter Benjamin (1992), ao longo de seus escritos, demonstrou atenção especial à narrativa. Buscou, também, desviar-se da história dos heróis e vencedores centrando-se nas micro-histórias, nas histórias dos esquecidos, dos vencidos, escovando-as a contrapelo. Ao denunciar a alienação provocada pela sociabilidade moderna, insiste sobre a necessidade de resgatar não somente a arte de narrar, segundo o autor em vias de extinção, mas também a experiência, matéria-prima da narrativa.

Nos encontros do FALE professoras e professores alfabetizadores(as) narram o que experienciam nos cotidianos de suas salas de aula. Afirmo experienciam por entender que a reflexão, indagação, dúvidas, descobertas, medos e inseguranças, (des)conhecimentos e aprendizados são constitutivos de suas narrativas. Eles e elas não nos informam sobre a prática alfabetizadora que realizam. Não nos explicam o que fazem e pensam. O que narram revela o que a esses docentes acontece, o que lhes passa nos cotidianos das escolas e os (trans)forma abrindo possibilidades de pensar de outro modo a própria prática. Jorge Larrosa nos lembra: "somente o sujeito da experiência está aberto a sua própria transformação". E, insiste:

> A experiência, a possibilidade de que algo nos passe ou nos aconteça ou nos toque, requer um gesto de interrupção, um gesto que é quase impossível nos tempos que correm: requer parar para pensar, para olhar, parar para escutar, pensar mais devagar, olhar mais devagar e escutar mais devagar; parar para sentir (...) falar sobre o que nos acontece, aprender a lentidão, escutar os outros, cultivar a arte do encontro, calar muito, ter paciência e dar-se tempo e espaço. (LARROSA, 2004: 160)

Nos encontros do FALE, o encontro com outros(as) professores(as) e com estudantes de Cursos de Formação de Professores.

Encontro que permite falar e conversar. As conversas provocam o (com)partilhar dúvidas, certezas e incertezas. Provocam concordâncias, discordâncias, mas, sobretudo, provocam o escutar o outro no que ele tem para dizer. Para escutar e conversar é preciso parar. É preciso estar presente, estar atento. A correria própria dos cotidianos escolares, incluindo a universidade, cede lugar a *espaçostempos* que investem no estar com o outro, no pensar, coletivamente, sobre modos aprendidos, conhecidos e também ainda não conhecidos de ensinar a ler e a escrever; sobre modos de *aprenderensinar* das crianças; sobre as crianças, suas infâncias, suas lógicas...

A(o) professora(or), nesses encontros, ao narrar sua prática dá-se *como texto para ser lido por muitos* (idem, 1999), arriscando-se às diferentes leituras possíveis. Sabemos, porém, que "o sujeito da experiência é um sujeito ex-posto (...) é incapaz de experiência aquele que não se ex-põe" (idem, 2004). Viver essa ex-posição provoca "el encuentro, complejo y provisorio, entre lo vivido y lo pensado" (SKLIAR, 2007: 61).

A narrativa da experiência docente provoca (e pressupõe) que o(a) professor(a) pense sobre seus saberes e ainda não saberes, sobre a própria prática. Esse processo, essa *ex-posição* provoca, ainda, um aprendizado imprescindível, do meu ponto de vista, à formação docente: lidar com a incerteza, o acaso, o não previsto antecipadamente. Embora tenhamos aprendido ser possível determinar e "controlar" o processo pedagógico, a epistemologia da complexidade (MORIN, 1995) nos adverte: é impossível programarmos a descoberta, o conhecimento e, sobretudo, a ação. Não podemos prever o curso e os resultados da ação. Toda ação faz parte de uma rede de interações que possibilita à ação escapar do seu autor. O mais interessante é que pode provocar processos totalmente e até mesmo contrários aos pensados e esperados.

Narrar a própria prática, *dar-se a ler...* Como saber, antecipadamente, as leituras realizadas? Como prever a (re)ação dos que ouvem? Dos que entram (ou não entram) na conversa? Interesse? Desinteresse? Questionamentos? Impossível saber...

Zé Ricardo, ex-aluno do Curso de Pedagogia/UniRio e professor alfabetizador, na primeira vez que socializou no FALE a própria prática, me disse:

> – Carmen, não sei se o que preparei e pensei em falar vai interessar ao grupo. Estou muito nervoso!!! Será que vou conseguir?

Planejar o que falar e como falar; o que mostrar e como mostrar, organiza as ideias, o material a ser utilizado, as questões a serem abordadas, provoca pensar. Possibilita, como dizem alguns professores e professoras, olhar a própria prática de um modo outro: com calma, com mais atenção, um olhar mais atento às propostas realizadas com as crianças em sala de aula, às produções infantis.

Planejar, embora necessário, não é suficiente, pois o **acontecimento**[3] **do narrar** a experiência docente traz **o encontro com o outro** e, nesse encontro, o próprio modo como a narrativa é realizada, o (des)interesse pelo o que é narrado, modos de pensar iguais e/ou diferentes das concepções defendidas, a (in)disponibilidade para ouvir, para conversar (ou não) etc passam a fazer parte da tessitura do encontro. Esse processo – único e irrepetível – traz consigo a surpresa e o (im)previsível, constitutivos do próprio acontecimento.

A experiência de se *ex-por*, nos processos formativos, pode contribuir para a compreensão do processo pedagógico a partir da ideia de *acontecimento* de modo que a dúvida, a incerteza, o não previsto e os riscos possam ser cotidianamente (re)conhecidos e legitimados. E com isso, o aprendizado realizado com a ciência moderna de que sem ordem e homogeneidade é impossível produzir, aprender, ensinar, possa ser cada vez mais questionado e desnaturalizado pela própria experiência docente. Pode contribuir, principalmente,

---

3 Aqui entendido na concepção foucaultiana, como a irrupção de uma singularidade única e aguda, no lugar e no momento de sua produção (Foucault, 1999).

para que professoras e professores fiquem mais atento(a)s ao próprio acontecimento, ou seja, "ir al encuentro de lo que pasa, ponerse a la escucha, prestarle atención, desejarse interpelar por ello" (LARROSA,1995: 152).

Zé Ricardo, ao final do encontro, bastante animado e emocionado, diz:

> – (...) Nossa! Consegui falar e foi muito bom poder discutir, ouvir o que pensavam do que eu disse (...) Eu nunca falei pra um grupo, assim, num auditório... nunca fui convidado pra falar sobre o que faço com as crianças na sala de aula. Me senti tão importante!!! (Zé Ricardo, 2007)

Não é por acaso que Zé Ricardo e outras professoras que participam do FALE se orgulham (e se admiram) do que falam e discutem, do praticado em seus cotidianos, e dos materiais trazidos para os encontros[4]. Sabemos que a atividade docente compreendida como instrumental e dependente de técnicas, regras, receitas e projetos curriculares impostos pelas Secretarias mediante a concepção do *professor como técnico* (PÉREZ GÓMEZ,1995), ancorada no modelo de *racionalidade técnica* (SCHÕN, 1995), ainda está entre nós e termina por "invisibilizar grande parte das práticas reais, instituintes e originais presentes nos cotidianos das escolas" (PACHECO, 2008: 251).

A opção teórica, epistemológica e política de (re)conhecer e legitimar professores e professoras da escola básica como "capazes de teorizar sobre a própria prática considerando a escola como espaço-tempo privilegiado de teoria em movimento permanente de cons-

4 O(a) professor(a) alfabetizador(a) ao narrar a própria prática geralmente leva produções suas e das crianças, como, cadernos infantis, cadernos de registro docente, planejamentos diários, desenhos, jogos, blocões, livros de literatura, fotografias da sala de aula, vídeos produzidos com as crianças etc, para que sejam socializadas durante o encontro. Essas produções ficam expostas no auditório e circulam entre os participantes.

trução, desconstrução e reconstrução" (GARCIA, 2008) subsidia as ações realizadas na pesquisa. Nessa perspectiva, são ações cotidianas imprescindíveis, muitas vezes, micro, porém, insistentes, que garantam "centralidade e visibilidade aos sujeitos comuns das escolas e suas práticas educativas cotidianas" (PACHECO, 2008).

Nas experiências (com)partilhadas, saberes e fazeres docentes...

Compreender os encontros do FALE como *experiência* e *acontecimento* significa afirmar o potencial transformador do outro em nós. E de nós no outro, lembra-nos com instência, em nossas discussões, Jacqueline de Fátima Morais. Implica pensá-los em sua dimensão formadora, como atividade subjetiva, pois que mobiliza não apenas o que cada uma de nós professor(a) sabe mas aquilo que cada um(a) de nós é. E somos, por vez, pessoas únicas (MORAIS, 2006). Nas narrativas, professoras e professores (com)partilham conosco suas trajetórias profissionais e nos presenteiam com pistas para pensarmos sobre a complexidade da realidade que envolve ser professora.

> (...) Ser professora é um processo de construção, com certeza. Por que é um processo de construção? Porque quando eu iniciei quando era criança eu tinha um desejo. A escola era o desejo e depois esse desejo de escola se transformou em algo muito ruim, eu não queria ir, mas permaneceu lá. Depois que terminei minha vida escolar e fui estudar, fazer o Normal, fui trabalhar em escola, eu percebi que eu repetia aquilo com os alunos o que me faziam lá atrás (...) eu colocava as crianças umas atrás das outras, eu mandava copiar sem saber o porquê, eu mandava cumprir o programa sem discutir. Estou reproduzindo aquilo que aprendi na vida, na minha formação e até mesmo na escola Normal porque não teve muita mudança (...) Eu estava muito centralizada no trabalho e em mim (...) Eu es-

> tava ali cheia das certezas: "é assim, é assado!" Essa afirmação, esse dizer cheia de certezas, cheia do poder, é uma coisa que também passou por mim (...) ser professora é difícil, é difícil expor os medos, você não é educado para isso, você não é educado para expor para o outro o que você não sabe (...) Pronto, essa foi à trajetória que eu levei por muito tempo na minha vida e incomodava porque eu estava lá dentro. (Ana Paula, professora alfabetizadora, I FALE, 03/03/2007)

Ana Paula afirma (e questiona): *ser professora é um processo de construção.* Ao refletir sobre a própria afirmação analisa retroativamente sua experiência docente a partir de *recordações-referências* (JOSSO, 2004). Narra para o(s) outro(s) a própria prática, no processo de *narrar a si mesma* (idem). E, nesse movimento, afirmações realizadas denunciam sentidos atribuídos à escola: uma vida escolar que se "encerra" (uma escolaridade obrigatória e nos parece, sofrida) e que se "abre" na opção de ser professora e agora, sim, *estudar.* Mas, quando nos diz que reproduzia com os alunos com os quais trabalhava o que aprendeu *na vida*, na própria formação e até *mesmo na escola Normal porque não teve muita mudança,* sinaliza que a relação com o conhecimento e com o aprendizado parece não ter se alterado no curso de formação de professores.

Seu modo de narrar revela a reflexão e indagação do praticado no passado, no início de sua experiência como docente. Admite para o grupo que a ouve e, para si própria, que uma relação autoritária e desatenta às lógicas e interesses infantis já subsidiou seus *saberesfazeres* de professora. Coloca-se no lugar de aprendente e, ao contribuir para a formação de outros professores e professoras, vive sua própria *experiência de formação.*

Nesse sentido, o que nos fala M-Christine Josso ao investigar o poder transformador das narrativas de vida centradas na formação, fortalece nossas discussões:

> A hipótese do poder transformador está indissociavelmente ligada ao conceito de experiência formadora, segundo o qual qualquer prática deixa traços; que toda tomada de consciência cria novas potencialidades; e que a transformação é um processo que se desdobra em razão de um caminhar interior mais ou menos consciente antes de se tornar **visível** para o outro. (JOSSO, 2004: 145)

Nesse mesmo encontro do FALE, Ana Paula, ao tornar *visível* para o grupo o modo como aprendeu a alfabetizar confirma que *toda tomada de consciência cria novas potencialidades.*

> Hoje, quando eu me apresento digo que sou uma professora alfabetizadora (...) Quando eu aprendi a alfabetizar, na escola particular e no CIEP, eu pensava que a criança tinha a necessidade de ser preparada (...) Então, eu achava que deveria cobrir pontinhos, tinha que ligar, porque eu fiz muito isso durante minha vida escolar e tinha que ter essa preparação para que ele pudesse entender depois (...) Levar texto para sala de aula? Que nada! O aluno não vai entender texto nenhum (...) ler um texto de jornal, de revista, falar de coisas científicas? Nada! O negócio do aluno é cobrir pontinhos, repetir ba – be, fazer listas de palavras. Exercícios com letras e sílabas soltas, palavras-chave, textos acartilhados como referência e eixo do trabalho, ausência de sentido. Eu usei muito a cartilha (...) Eu me lembro (...) "Ivo viu a vaca" (...) É uma coisa completamente lunática, sem sentido algum. A cartilha para fazer a junção dos fonemas das letrinhas (...) inventavam textos que nada tinham a ver com nada – "A vaca viu a uva, a uva viu a vaca", uva viu vaca aonde? Mas, para o aluno aprender o "v" tinha que gravar, tinha que escrever igual (...) (Ana Paula, professora alfabetizadora, I FALE, 03/03/2007)

A narrativa de Ana Paula evidencia concepções sobre o ensino da linguagem escrita, cotidianamente praticadas. Sabemos que, embora bastante criticada, a concepção mecanicista de alfabetização ainda subsidia, de modo hegemônico, ações alfabetizadoras realizadas nas escolas brasileiras. Práticas alfabetizadoras que se baseiam na repetição, no treino e na memorização; em um uso da linguagem escrita desvinculada dos desejos, curiosidades, da vida cotidiana de estudantes e docentes. A identificação e a decodificação de grafemas e fonemas que precisam ser "ensinados" (transmitidos) e "aprendidos" (memorizados), em um determinado tempo escolar, termina por ser o objetivo central desse modo de *ensinaraprender* a ler e a escrever.

"Levar texto para sala de aula? Que nada! O aluno não vai entender texto nenhum (...) ler um texto de jornal, de revista, falar de coisas científicas? Nada! O negócio do aluno é cobrir pontinhos, repetir ba – be, fazer listas de palavras", enfatiza Ana Paula e, o que diz e como diz, contribui para a compreensão do que acontece em muitas salas de aula: as crianças não aprendem a ler e a escrever para lendo e escrevendo aprenderem sobre a leitura e a escrita. Não escrevem e leem para dizer algo para alguém em uma determinada situação e/ou saber de algo dito por outra pessoa e/ou registrar uma ideia ou uma descoberta.

No fundo, como nos disse Edwiges Zaccur, professora da UFF que, com Ana Paula, discutia o tema: *Leitura, Alfabetização: tudo a ver*, nesse 1º encontro do FALE (2007): sem perceber, *pistas falsas* são fornecidas às crianças. Pistas que terminam dificultando a compreensão do real sentido da leitura e da escrita: dizer, ouvir e entender o(s) outro(s) também pela linguagem escrita, ampliando assim as possibilidades de compreensão e interferência no mundo.

No decorrer de sua narrativa Ana Paula ressalta que esse modo de ensinar a ler e a escrever a incomodava, *mas...*

> (...) eu não tinha um parceiro com que conversar, com quem expor. Eu não tinha ninguém que me dissesse: vamos pensar

> de outro jeito? Vamos trabalhar de outro jeito? (...) Quando eu tive a minha primeira filha entrei em um concurso de remoção e (...) fui para o Instituto de Educação (...) Chegando no Instituto eu encontrei um trabalho muito interessante na alfabetização e professoras muito interessantes também. Encontrei a professora Jaqueline que tinha sido minha professora no adicional e já tinha mexido comigo, antes do Instituto. Eu encontrei (...) a professora Margarida que foi a primeira pessoa com quem tive contato (...) ela trabalhava com alfabetização. Nós começamos a conversar no primeiro dia e ela foi me questionando e me fazendo cada pergunta (...) Mas, por que você trabalha assim? Você já trabalhou desse jeito? (...) No primeiro dia que eu peguei a turma ela começou a me perguntar e eu fui ficando incomodada e aí eu fui encontrando outras pessoas que foram me ensinando a pensar. Hoje eu alfabetizo de outro jeito porque eu fui encontrando colegas que foram me ajudando a pensar e a colocar aquelas minhas dúvidas para fora. Hoje eu tenho o texto como referência da ação pedagógica. Hoje, a primeira coisa: nós temos uma relação de ir e vir, eu e meus alunos, eu e meus colegas, eu e a escola. Nós somos um coletivo e não mais individualizados. Eu faço parte de um coletivo que tem que pensar, que tem que agir, mas participando, socializando, dividindo saberes e o texto como referência da ação pedagógica (...) vai evidenciando para mim que as crianças produzem textos e saberes (...) (Ana Paula, professora alfabetizadora, I FALE, 03/03/2007)

Para Ana Paula, **o encontro com o outro**, um outro que a questiona e com ela dialoga, fez a diferença para que fosse perseguindo o que já desejava – assumir um *saberfazer* pedagógico a partir de referenciais práticos, teóricos e políticos compromissados com ações alfabetizadoras legitimadoras da voz e desejos das crianças e professores(as), uma alfabetização que garanta leituras e escritas potentes da palavra escrita e do ser e estar no mundo.

Nesse momento, Bakhtin nos ajuda a melhor compreender a experiência de formação que temos compartilhado (e investigado) nos encontros do FALE, ao nos dizer que na comunicação e interação do *homem com o homem* (Bakhtin, 1997) nos conhecemos e nos revelamos para nós mesmos e para o outro. O que pode o outro ver e saber de mim, que do lugar que ocupo, não posso ver e saber? O que posso ver e saber do outro, que do lugar que ocupa, não pode ver e saber de si próprio? A exploração dessa visão *exotópica* (idem) que possuímos um do outro, ou seja, esse *excedente de visão*, possibilita, especialmente nos processos de (auto)formação docente, relações mais dialógicas e atentas à alteridade do outro. Essa atenção tensiona, do meu ponto de vista, o difícil aprendizado de lidar com o outro como *legítimo outro* (Maturana, 1999). Ver, ouvir e compreender o outro no que ele diz (e pensa) significa (re)conhecer que o seu ponto de vista é tão válido quanto o meu, mesmo me parecendo menos desejável. A assunção da relação dialógica como constitutiva do processo de conhecer abre caminhos para que diferentes pontos de vista possam ser discutidos, confrontados, negociados, transformados ou não. É nisso que temos investido na ação investigativa realizada e, aqui, discutida e socializada.

Voltamos a Bakhtin (1997) ao lembrar-nos que a relação entre *eu e outro* é constitutiva do ser social e histórico que somos, onde cada um é o complemento necessário do outro. Somos seres inacabados e incompletos, lembra-nos, também, Paulo Freire. Por isso, *ensinar exige consciência do inacabamento. O inacabamento do ser ou sua inconclusão é próprio da experiência vital.* (Freire, 1997: 55).

Nesse sentido, é emblemático o modo como Luciana se apresenta no X FALE:

> Meu nome é Luciana (...) eu sou professora alfabetizadora em Duque de Caxias. Antes de começar a falar sobre a prática, eu queria falar uma coisa para vocês: nestes sete anos como

> professora concursada eu me propus a alfabetizar, mas hoje eu pude ver que quem está se alfabetizando sou eu. Eu é que aprendo sobre o lugar, sobre a forma de ensinar e a forma de aprender das crianças (...) aprendo a ser professora do ciclo – o que às vezes dá mais certo e que, às vezes, não dá. (Luciana Alves, professora alfabetizadora, X FALE, 05/04/2008)

Aprenderensinar é assumir riscos. É se abrir para o novo. Lidar com o (des)conhecido. Por isso, errar e acertar faz parte desse processo. Luciana sabe disso e assume o lugar de quem aprende ao ensinar. Sua narrativa, tal como a de Ana Paula e outros professores e professoras que do FALE participam, dá forma e expressão à docência como um ***devir****, um* ***estado inédito*** *instituinte de novas subjetividades* confirmando que *inexiste docência no singular, a formação é sempre um processo intersubjetivo* (PÉREZ, 2003).

As narrativas docentes que no FALE circulam afirmam os(as) professores(as) como autores de experiências, de *saberesfazeres* alfabetizadores reveladores de outros discursos e relatos sobre a escola. Discursos e relatos que (re)criam práticas pedagógicas no que elas possuem de sucesso, na contra-mão dos discursos (oficiais) do fracasso escolar.

Referências Bibliográficas

BAKHTIN, M. *Estética da criação verbal.* São Paulo: Martins Fontes, 1997.

BENJAMIN, W. *Obras escolhidas. Magia e técnica, arte e política.* São Paulo: Brasiliense, 1992.

CERTEAU, Michel de. *A invenção do cotidiano – artes de fazer*. 2 ed. Petrópolis, RJ: Vozes, 1996.

CONNELLY, F. Michael & CLANDININ, D. Jean. *Relatos de Experiência e Investigación Narrativa.* In: RODRÍGUEZ, Maria Luiza & LARROSA, Jorge (orgs). Barcelona, Espanha: Editorial Laertes, 1995.

FOUCAULT, Michael. *Microfísica do poder.* Rio de Janeiro: Graal, 1999.

_____ & ZACCUR, E. A pesquisa como eixo de formação docente. In: ESTEBAN, M. T. & ZACCUR, E. (orgs.). *Professora pesquisadora – uma práxis em construção*. Rio de Janeiro: DP&A, 2002.

FERRAÇO, Carlos Eduardo. Ensaio sobre uma metodologia efêmera: ou sobre as várias maneiras de se sentir e inventar o cotidiano escolar. In: ALVES, N. & OLIVEIRA, I. M. B. (orgs.). *Pesquisa no/do cotidiano escolar – sobre redes de saberes*. Rio de Janeiro: DP&A, 2001.

FREIRE, Paulo. *Pedagogia da autonomia – saberes necessários à prática educativa*. São Paulo: Paz e Terra, 1997.

GARCIA, Regina Leite (org.) *A Formação da professora alfabetizadora:* reflexões sobre a prática. 5 ed. São Paulo: Cortez, 2008.

GINZBURG, Carlo. *Mitos, emblemas, sinais:* morfologia e história. São Paulo: Companhia das Letras, 1989.

JOSSO, Marie-Christine. *Experiências de Vida e Formação*. São Paulo: Cortez, 2004.

LACERDA, Mitsi Pinheiro de. Saberes em cotidiano escolar nas escritas de quem ensina a escrever. In: LACERDA, M. P. de (org.) *A escrita inscrita na formação docente*. Rio de Janeiro: Rovelle, 2009.

LARROSA, Jorge. *Linguagem e Educação depois de Babel*. Belo Horizonte: Autêntica, 2004.

_____. *Tres imágenes de Paradiso, o una invitación al Wilhelm Meister habanero*. In: RODRÍGUEZ, Maria Luiza & LARROSA, Jorge (orgs.). Barcelona, Espanha: Editorial Laertes, 1995.

_____. *Pedagogia profana – danças, piruetas e mascaradas*. 2 ed. Belo Horizonte: Autêntica, 1999.

MATURANA, Humberto. *A ontologia da realidade*. Belo Horizonte: Ed. UFMG, 1997.

MORAIS, Jacqueline de Fátima dos Santos. *Percursos de uma experiência de formação continuada:* narrativas e acontecimentos. Campinas, SP. Tese. Faculdade de Educação. Unicamp. 2006.

MORIN, Edgar. *Introdução ao pensamento complexo*. 2 ed. Lisboa: Instituto Piaget, 1995.

PACHECO, Dirceu Castilho. Por outras narrativas das escolas e de seus sujeitos-praticantes: possibilidades dos/nos registros cotidianos. In: SOUZA, Elizeu C. de & MIGNOT, Ana Cristina V. (orgs). *Histórias de vida e formação de professores*. Rio de Janeiro, Quartet: Faperj, 2008.

PÉREZ, Carmen Lucia Vidal. Cotidiano: história(s), memória e narrativa. In: GARCIA, Regina L. (org.). *Método. Métodos. Contramétodo.* São Paulo: Cortez, 2003.

PÉREZ GOMEZ, Angel. O pensamento prático do professor: a formação do professor como profissional reflexivo. In: NÓVOA, A. (coord.) *Os professores e a sua formação.* Lisboa: Publicações Dom Quixote, 1995.

SAMPAIO, Carmen Sanches. *Alfabetização e Formação de Professores – aprendi a ler (...) quando eu misturei todas aquelas letras ali...* Rio de Janeiro: WAK Editora, 2008.

_____ & PÉREZ, C. L. V. (orgs.) *Nós e a escola – sujeitos, saberes e fazeres cotidianos.* Rio de Janeiro: Rovelle, 2009.

SCHÖN, D. Formar professores como profissionais reflexivos. In: NÓVOA, A. (coord.) *Os professores e a sua formação.* 2 ed. Lisboa: Publicações Dom Quixote, 1995.

SKLIAR, Carlos. *La educación (que es) del outro – Argumentos y desierto de argumentos pedagógicos.* Buenos Aires: Centro de Publicaciones Educativas y Material Didáctico, 2007.

SUÁREZ, Daniel. Docentes, narrativa e investigación educativa. La documentación narrativa de las prácticas docentes y la indagación pedagógica del mundo y las experiencias escolares. In: SVERDLICK, Ingrid (comp.) *La investigación educativa – una herramienta de conocimiento y de acción.* Buenos Aires: Centro de Publicaciones Educativas y Material Didáctico, 2007.

Construindo espaços de subjetivação

Histórias de vida e formação de professores(as): Narrativa autobiográfica de caminhos trilhados na pesquisa

Inês Ferreira de Souza Bragança

A história de uma viagem

O presente texto retoma, em perspectiva de síntese, tese defendida, em 2009, como conclusão do Doutoramento em Ciências da Educação, na Universidade de Évora[1]. Lembro que depois de dois anos de pesquisa e estudo em Portugal retornei ao Brasil, em junho de 2006, e, em setembro, estava em Salvador, participando do *II Congresso Internacional sobre Pesquisa (Auto)Biográfica* (CIPA). Foi um presente de retorno ao Brasil – além da oportunidade de diálogo com pesquisadores brasileiros, portugueses e franceses, referências presentes no trabalho que estava desenvolvendo, o encontro favoreceu um movimento de aprendizagem e partilha que contagiou a todos os presentes e afirmou o sentido de uma experiência vida e formação.

Considero, assim, que este espaço de publicação, em um livro do IV CIPA, é especial e privilegiado para socialização de lampe-

1 Tese de doutoramento *Histórias de Vida e Formação de Professores/as: Diálogos entre Brasil e Portugal*, orientada pelo Professor Doutor José Bravo Nico, Universidade de Évora – Portugal (BRAGANÇA, 2009).

jos dos caminhos percorridos e das reflexões tecidas no âmbito da referida pesquisa. Espaço-tempo que traz o sentido de partilha e faz-me lembrar Menocchio, moleiro que no final do séc. XVI, em Veneza, lê, pensa, concebe, imagina, constrói uma cosmologia e para ele "reparti-la é uma necessidade quase física, de sua mente, de sua boca" (RIBEIRO, 1987, p. 235). A escrita desse texto vem prenhe do sentido, da necessidade que toda pesquisa-formação tem de se dizer, de se abrir ao diálogo.

Apresentar uma tese é contar a história de uma viagem, viagem de investigação-formação; experiência de si que metaforicamente traz, por sua própria natureza, a presença de componentes tão conhecidos de todos os viajantes – desejo, ansiedade, medo, felicidade de conhecer diferentes paragens, de observar uma mesma paisagem sob diferentes pontos de vista, de encontrar e aprender com pessoas. Convido, assim, para me acompanharem em um movimento de volta ao *tríplice presente* desta investigação, retomando pela *memória* do passado as aprendizagens do caminho, pela *visão* do presente a necessidade de problematizá-la, adensá-la enquanto experiência de pesquisa que como tal precisa ser rigorosa e metódica e pela *espera*, pelo *sonho*, projetar futuros que se abrem.

Uma preocupação acompanhou toda a viagem: o que é escrever uma tese? Em que medida a investigação-formação que agora apresento traz alguma contribuição "original" ou "singular" para o campo que articula histórias de vida e formação de professores? Essa reflexão cheia de tensões, de idas e voltas se encaminha para perspectivar a originalidade enquanto forma de olhar um determinado problema, enquanto reconstrução de referenciais teórico-metodológicos que abram caminhos, ou apenas novas trilhas, para se ver uma mesma e, muitas vezes, já conhecida paisagem. Vejo também em uma tese a possibilidade de construção de um campo de estudo que se abre para a continuidade da própria pesquisa. Procuro, assim, retomar paisagens vistas ao longo da viagem, experiências do olhar. E se a experiência é sempre única, acredito que ela possa ser partilhada e recriada por meio da narração.

A motivação e o tempo da viagem foram dados pelo desejo, pela inquietação há muito vivida nas tensões que articulam minha trajetória como professora professora-pesquisadora. Uma intensa implicação entre trabalho, vida, pesquisa e formação me levaram a tematizar, desde muito cedo, as possibilidades da memória e da narração na construção de saberes/práticas instituintes no campo da formação de professores.

O movimento de aprofundar estudos nesse campo da pesquisa (auto)biográfica caminhou em diferentes direções e levou-me ao doutoramento na Universidade de Évora. O projeto e a vivência da pesquisa tomaram como problemática a busca de uma perspectiva de formação que, contrapondo-se à racionalidade técnica, mobilize uma perspectiva sensível, incorporando a vida dos sujeitos, em toda a sua complexidade existencial, como componente fundamental do processo formativo. Nesse sentido, tomo as histórias de vida, por meio das biografias educativas, como uma alternativa metodológica no processo de tematização da própria vida, como espaço/tempo de formação docente, fortalecendo o entrelaçamento entre os acontecimentos biográficos que se foram constituindo como experiências instituintes da formação e que vêm das *memórias polifônicas da vida, das experiências docentes e da formação acadêmica.*

Fui a pouco e pouco em uma tessitura de fios de diferentes cores e matizes: 1º fio – história de vida e formação: busca de uma racionalidade sensível; 2º fio – diversas dimensões da trajetória de vida e formação dos/as professores/as e 3º fio – expressão da vida e do "testamento" da docência pelos sujeitos da profissão. Mas um 4º fio foi se colocando a pouco e pouco – o sentido dialógico da investigação e da formação. É essa dinâmica dialógica da tese que me permitiu perceber "sotaques" que vêm de diferentes cidades portuguesas e brasileiras e é importante exercitar, por esta razão, na leitura do texto, a escuta atenta, às vezes silenciosa, mas sempre dialógica, buscando perceber a melodia que vem da experiência gerada pela pesquisa e que se abre como convite de experiência também aos leitores.

No desenvolvimento da investigação-formação, em Portugal, vivi um tempo privilegiado de estudo e pesquisa, mergulhei na história das histórias de vida no campo das ciências sociais e humanas e no campo educativo. Encontro na abordagem (auto)biográfica a beleza das práticas sociais, de um gênero literário que nos inspira a pensar nossa vida na leitura da história do outro, mas também uma potente abordagem teórico-metodológica que apropriada pelo campo educativo retoma sentidos fundacionais e militantes ao valorizar a escuta das testemunhas, a história subterrânea e que, entre nós, nas Ciências da Educação, se reconstrói com inventividade criadora dando lugar especial a práticas de investigação-formação.

No olhar dirigido à literatura como um caleidoscópio multicolorido encontrei a potencialidade das histórias de vida na construção de uma nova epistemologia de investigação e de formação, pois produz conhecimento e, potencialmente, pode constituir uma experiência de transformação pessoal e coletiva, contemplando objetivos ontológicos, pedagógicos e políticos, pela possibilidade de reencontro do ser com ele mesmo em partilha com as pessoas, com as práticas pedagógicas e com o mundo.

Mas a viagem do doutoramento permitiu contemplar uma outra paisagem, na dialética entre a proximidade e a distância, Brasil e Portugal, os estudos de contextualização – qual o significado de escrever um texto de contextualização da realidade portuguesa e brasileira? A tese propõe o diálogo entre histórias de vida de professoras e, portanto, foi necessário situar a territorialidade das narrativas, das vidas. O olhar dirigido à docência, à escola e à formação de professores em Portugal e no Brasil possibilitou alguns indícios para compreensão das histórias e pistas para o diálogo.

O movimento inicial de estudo e revisão de literatura possibilitaram o atravessamento teórico-metodológico que foi produzindo os caminhos da pesquisa apresentado a seguir.

Caminho biográfico-epistemológico da investigação

O livro da vida

Voltando ao sentido da tese como construção de trilhas que entrelaçam a recriação teórico-metodológica, permitindo a inteligibilidade de algumas paisagens a partir de diferentes ângulos de visão, faço convite a observação/reflexão dirigida à trajetória epistemológica da viagem.

Primeiro é importante dizer que ao longo da travessia contei com uma companhia singular – o *livro da vida*.

> Tomo emprestada a expressão *livro da vida* do educador francês Freinet (1896-1966), que desenvolveu, com os alunos, a proposta de um registro diário das experiências da sala de aula e da vida... Assim, o termo *livro da vida*, como parte integrante da presente pesquisa, busca trazer a intensidade dos caminhos percorridos ao longo do processo. É *livro*, pois propõe o registro das idas e vindas e, apesar de intrinsecamente ligado a todo movimento da pesquisa, apresenta uma certa independência do formalismo acadêmico: não se coloca como capítulo ou item constitutivo da tese, mas como espaço de auto-reflexão sobre a pesquisa. Sua proposta é o relato, a narrativa e, nesse sentido, é mesmo *da vida*... (BRAGANÇA, 2009)

O livro da vida coloca-se, assim, como narrativa escrita sobre o processo de pesquisa, de questionamentos, de reflexões, de auto-análise do sentido da pesquisa em suas interfaces com a vida, onde tramas pessoais e acadêmicas se imbricam. E, logo cedo, vieram dúvidas sobre seu lugar na pesquisa: esse material constituiria um capítulo da tese ou, pelo contrário, deveria ficar restrito à investigadora e oculto na elaboração do trabalho? "…. O livro da vida é o espaço da intimidade pessoal, é revelador da construção interna da pesquisa, é lugar do *eu* pessoal se colocar nas crises vividas, na elaboração do pensamento a partir do diálogo com os outros. (...) Não seria, assim, parte integrante do trabalho? Seria menos científico por vir da experiência pessoal?" (ibid.). A continuidade de sua escrita foi, então, possibilitando resposta para essas indagações.

> Já pensei no papel desse livro de diferentes formas, ou melhor, ele próprio foi se colocando e mostrando seu lugar ao longo do desenvolvimento do trabalho. Se, inicialmente, constituía um material à parte e de âmbito particular, aos poucos foi mostrando sua centralidade como registro privilegiado da pesquisa, na explicitação de seus fios condutores. (BRAGANÇA, 2009)

Depois de algumas reflexões, e também das orientações do Professor Bravo Nico[2], sobre a forma de preservar o sentido peculiar de seu texto e, ao mesmo tempo, afirmar sua presença, já que é parte constituinte e significativa da pesquisa, chegamos à dinâmica textual em que o livro da vida não foi colocado como um texto à parte, pois sua presença perpassa cada etapa do trabalho, acompanhando sua elaboração. Assim, suas reflexões foram inseridas como lampejos ao longo da tese e a leitura desses lampejos nos projeta para diferentes tempos e espaços de escrita, contextualiza e indica questões e impasses da construção do trabalho.

O início do trabalho de campo, entretanto, trouxe para o livro uma nova dimensão, já que passou a abrigar também o papel de caderno de campo – onde inseri o relato dos primeiros contatos com as professoras e também as trilhas, emoções e aprendizagens de cada

---

2 Professora da Universidade de Évora, orientador da pesquisa que consiste tema do presente texto.

encontro. Nesse sentido, trazemos muito de uma escrita tecida ao longo do processo da pesquisa, da forma como foi registrada no livro da vida, e vamos, como na feitura de uma colcha, costurando diferentes retalhos em uma composição que integra uma pluralidade de cores e imagens, aqui traduzidas em histórias, contextos, pessoas, lugares, acontecimentos; enfim, uma "tessitura de intrigas".

> Mas, agora é preciso dizer que o livro da vida transforma-se em diário de campo. É nesse mesmo espaço que registro as emoções e angústias da trajetória portuguesa desse trabalho acadêmico, onde também farei as anotações que vêm do campo, do contato com diferentes cidades, escolas e professoras. De fato, a natureza do texto é a mesma e no campo estou desde que, no dia 6 de setembro de 2004, cheguei a Portugal. A exploração, o conhecimento e a vivência em um espaço vital, geográfica e culturalmente, diferenciado daquele onde passei todo meu percurso de vida, deu ao doutoramento um sentido de acontecimento biográfico e instituiu o trabalho de campo como movimento inerente. Foi preciso circular de auto-carro, metro e comboio, procurar as bibliotecas e centros de investigação, esquadrinhar a beleza do centro antigo de Lisboa, dos azulejos, dos museus, dos marcos históricos. Foi preciso adentrar nas pequenas tramas burocráticas que possibilitaram nossa existência legal: cartão de utente do Centro de Saúde, cartão do contribuinte, IRS, matrícula escolar do Caio... Foi preciso conhecer a escola de 1º Ciclo em Portugal, seus professores, a dinâmica da formação inicial e contínua, participar de diversos Congressos; enfim, estar em um intenso campo de trabalho, estudo e vida. Parece que, se o trabalho de campo já começou há tempo, hoje, toma ares de nova etapa. Muitas leituras e estudos foram tecidos, visando a preparação para este momento, para o desenvolvimento do trabalho biográfico junto às professoras de 1º ciclo. (BRAGANÇA, 2009)

Considerando a peculiar forma de escrita do livro, é importante fazer o questionamento sobre o ritmo de sua elaboração. O diário pressupõe a escrita contínua. Já o livro da vida foi utilizado como espaço de liberdade e assim, colocou-se fora do cronograma da pesquisa, ou seja, não constituiu um movimento obrigatório, mas, pelo contrário, espaço de liberdade e, portanto, de um ir e vir não marcado no calendário. Encontramos, assim, registros de situações no mesmo dia de seu acontecimento, bem como escritos que fazem a síntese de meses de trabalho.

> Depois de passado algum tempo sinto sempre alguma emoção ao retomar o livro da vida, não consigo me aproximar dele quando estou muito atarefada, agitada, também não consigo escrever em momentos muito intensos de tristeza ou alegria. Ao contrário de todos os passos da pesquisa, não tenho data marcada no cronograma para escrever nesse livro, o seu lugar tem que ser preservado como espaço do desejo e de uma motivação interna muito forte. Observo que assume um papel importante no movimento de reflexão sobre a pesquisa e seus caminhos, ajuda a escrever as idas e voltas, é também o lugar do registro do trabalho de campo, das emoções, angústias e sofrimentos desse percurso. (ibid.)

A cozinha como metáfora: o preparo da sopa e de seus ingredientes

Passamos, nesse item do texto, ao relato sobre o desenvolvimento da investigação. Ao mesmo tempo que vivi, em Portugal, uma etapa acadêmica importante no desenvolvimento da investigação-formação, experimentei, também, aprendizagens singulares na cozinha de minha casa portuguesa, aventuras da aprendizagem de uma *sopa de pedra*:

Para além das leituras, estudos, organização do trabalho de campo e tudo que o doutoramento implica, a vida aqui em Portugal trouxe muitas aprendizagens, algumas mesmo inesperadas. Uma delas vem a cada dia colocando-se de uma forma particular: a culinária. Lembro que na infância tive algum interesse pela cozinha, mas depois de alguns incidentes críticos fui afastando-me e envolvendo-me em outras tarefas e, logo cedo, os estudos e o trabalho me tomaram. Assim, a cozinha, sempre bem administrada por minha mãe, passou ao largo de minha formação pessoal. É claro que aquele cardápio chamado "básico" eu sabia e foi este que coloquei em prática após o casamento, tendo sido "minimamente" desenvolvido ao longo dos anos. Em nossa vida lusitana, entretanto, na divisão das tarefas domésticas, fiquei responsável por este e outros itens cotidianos. Inicialmente, tudo corria como o previsto, dei continuidade a aplicação daquele cardápio básico. Contudo, a cada dia fui me vendo envolvida de uma forma interessante com a cozinha. Depois de longas horas de trabalho acadêmico, começava desejar "ir para a cozinha" fazer algo de especial. Inicialmente, apenas seguindo as receitas do livro que minha mãe, carinhosamente, preparou para que trouxesse para Portugal. Agora, me vejo interessada em novas aprendizagens, os sabores das comidas portuguesas, das hortaliças que não temos no Brasil, de doces, bolos... Tenho uma sensação de desafio cumprido quando faço algo que é aprovado por Junior e Caio e, às vezes, até por nossos convidados, mas uma sensação de desgosto quando tudo "dá para o torto". Céus! A primeira panqueca era disforme e o bolo de chocolate, no qual depositei todas as esperanças e desejos, virou uma "musse". Pensei: "- Nunca mais faço bolo! Quanto tempo perdido! Quanto envolvimento para no final...". Para no final a transferência de uma aprendizagem da vida para a cozinha: é preciso tentar outra vez! É preciso buscar outros caminhos, no caso do bolo descobri que a tem-

> peratura do formo é fundamental. Fiz essa "grande" descoberta depois de algumas tentativas. Talvez esteja me deixando viver na cozinha novos prazeres, a aprendizagem de um fazer artesanal, de uma prática que articula dialeticamente princípios à ação ativa do sujeito que se deixa transformar, enquanto transforma misturas em sabores, sabores em momentos simples e intensos em família. (BRAGANÇA, 2009)

Ao falar, assim, dos "caminhos trilhados" nos encontramos com o poeta quando afirma que não há caminho, o caminho se faz com o caminhar, pois, nesse processo, fomos como caminhantes, o caminho proposto não estava previamente dado, mas foi sendo construído ao caminhar. Essa proposição aponta para a perspectiva em que nos ancoramos, pois buscamos, ao longo da pesquisa, sensibilidade para com o processo que foi se desdobrando, com o desenvolvimento concreto da pesquisa e do caminhar. A perspectiva metodológica, tendo referência nas histórias de vida, já estava dada, entretanto, eram várias as possibilidades que foram sendo materializadas, efetivamente, ao longo da pesquisa. O relato do livro da vida traz a densidade dessa construção:

> É um pouco assim – a pesquisa como uma deliciosa "sopa de pedra". São muitos os ingredientes e, em sua preparação, cada um deles precisa de um tratamento específico, de um tempo de cozimento, de uma panela adequada. E se essa sopa tem uma receita, em conversa com minhas amigas portuguesas percebi que o que caracteriza sua própria origem é a possibilidade de fazer um saboroso prato, quente e inspirador, a partir do que temos, dos ingredientes que dispomos e que, alquimicamente, vão dando sabor e sentido. É preciso saber administrar e viver o tempo de cada um dos ingredientes da pesquisa que juntos, dialeticamente, se articulam e dão sabor ao trabalho. (BRAGANÇA, 2009).

Na pesquisa os ingredientes da configuração metodológica foram se dando aos poucos, no ir e vir, no refletir, no fazer e no refazer do plano de trabalho. Foi assim que defini o grupo de professoras-investigadoras-participantes, de diversas cidades portuguesas e brasileiras, em diferentes momentos da trajetória profissional. Em movimento de preparação dos ingredientes construí o roteiro de entrevista, o contrato deontológico de trabalho e desenvolvi o pré-teste, ou seja, um ensaio da pesquisa que permitiu ajustar o planejamento e a dinâmica proposta. Três entrevistas biográficas, três encontros de investigação formação, onde, inicialmente, a pesquisa com seus objectivos, metodologia e "contrato de trabalho" foram apresentados, abrindo caminho para uma experiência biográfica de formação. Nos dois primeiros encontros, fui conduzida pela beleza de narrativas que tomaram a vida como espaço-tempo de formação docente. O terceiro encontro assumiu grande relevância no caminho metodológico, pois foi destinado a um movimento de interpretação partilhada da biografia educativa.

As transcrições, a análise de conteúdo constituíram um caminho importante; em *movimento vertical* procurei olhar a trajetória de cada uma das professoras como tessitura de intrigas, como histórias que podem se seguidas e em *movimento horizontal* colocando-as frente a frente, em diálogo. Algum tempo depois da realização das entrevistas, retomei as transcrições e análises para a escrita da biografia educativa de cada uma delas.

Algumas reflexões (in)conclusivas

A partir da trilha construída/percorrida, o que foi possível ver, apreender de singular sobre o problema proposto, sobre as questões que motivaram e acompanharam a investigação?

A trilha de experiências narrativas vivida/construída com as professoras me permitiu significativas aprendizagens relativas ao próprio aporte (auto)biográfico. A singularidade dos movimentos narrativos sinalizou que, em diferentes momentos, cada uma, espontaneamente, foi dizendo de sua forma de ser e de estar no mundo como pessoa e professora, sentidos atribuídos à identidade pessoal e docente. São diferentes os recursos da memória para trazer acontecimentos, pessoas, lugares que marcaram a trajetória, dando uma forma, reconstruindo uma história articulada e que tenha sentido, sendo, de fato, reorganizada pelo narrador. É como tomar a vida para ressignificá-la, de forma inteligível, no contexto do tríplice presente.

A dimensão narrativa colocou-se, para as professoras, pela partilha da história de vida, e para a investigadora que, como acompanhante, interagiu com cada história partilhada, vivendo junto um processo de reconstrução, ressignificação. Nesse sentido, a presença da investigadora não é isenta, marca, entretanto, o lugar de alguém que traz encaminhamentos e questões e que influencia o desenrolar narrativo, participando de uma construção dialógica.

Voltando aos diferentes fios que atravessam a presente pesquisa, a experiência que vivi com as professoras no desenvolvimento da investigação leva-me a perspectivar faíscas de uma racionalidade instituinte que se fortalece quando a formação é vivida enquanto experiência narrativa de tessitura de intrigas, experiência que potencializa diferentes dimensões formadoras e que afirma a docência como "lugar de memória" dialogicamente construído.

O *primeiro fio* da investigação fala da possibilidade do encontro entre história de vida e formação, na constituição de uma *racionalidade sensível, instituinte* no campo da formação. Assim, tentei perceber em que medida a vivência da experiência narrativa, por meio da dinâmica metodológica proposta, poderia favorecer, ela própria, um caminho instituinte de formação para todos os envolvidos, incluindo professoras e investigadora.

A formação manifestou-se, na análise da biografia educativa de cada professora, bem como no diálogo entre elas, por meio da experiência narrativa como *tessitura de intrigas*, como *memória-vida* enquanto caminho epistemológico que se abre para articulação imanente entre esse conceito e à experiência narrativa.

E o que é a experiência? Como memória, experiência e narração se entrelaçam? Tomando referência em Benjamin (1993), encontro uma contraposição, enquanto a vivência é pontual e efêmera, a experiência, é o que nos mobiliza, o que nos toca, nos afeta e que, portanto, tem um potencial transformador, traz a marca de uma abertura polifônica por seus múltiplos sentidos e leituras. E são as experiências formadoras, na força do que nos atinge, que nos sobrevêm, nos derruba e transforma, inscritas na memória, que retornam pela narrativa, não como descrição, mas como recriação, reconstrução.

Paul Ricoeur (1994) situa a especificidade desse processo enquanto "tessitura da intriga"; o autor retoma duas obras clássicas: as "Confissões", de Santo Agostinho e "A poética", de Aristóteles e, a partir delas, entrelaça os conceitos de tempo e a narrativa. Agostinho propõe o sentido do tríplice presente e Aristóteles, analisa a poética como arte de compor intrigas, narrativas que se articulam e são produzidas por meio da atividade mimética como processo ativo e dinâmico, vivido na intensidade da experiência temporal.

Para as professoras a participação na pesquisa foi uma oportunidade de viver a experiência narrativa do tempo como *tríplice presente*, em cada encontro, o passado tornou-se presente pela *memória* e o futuro pela *previsão*, pelos desejos e projetos que se abriram. O passado fez-se presente, reconstruído, refeito na reflexão. O desafio de constituição de um relato não episódico, mas de uma história que pudesse ser seguida, exigiu trabalho laborioso de tessitura de intrigas, *traduzindo a experiência narrativa em formação*. Observei, também, nas narrativas, os movimentos da *mimese* (ibid.), pois passam pela ação humana, por sua recriação narrativa e pela reconstrução que se dá na leitura. Em cada intriga, explicação e compreensão se entrelaçam, pois dialeticamente somos levados à análise e a à síntese, ao detalhe e à composição de uma ampla configuração, à "síntese do heterogêneo" (ibid.).

O *segundo fio* da investigação-formação traz a potencialidade das diversas dimensões da trajetória de vida e formação dos(as) professores(as). A história de cada professora tece experiências que entrelaçam aprendizagens que vêm do âmbito pessoal, da trajetória de formação acadêmica e também profissional e o desdobramento das diferentes fases e etapas da vida vai se dando pela tensa mediação entre elas. Pude levantar indícios de que o processo formador se torna inteligível numa perspectiva que entretece os diferentes episódios numa tessitura, onde as intrigas são articuladas na experiência narrativa como uma história que pode ser seguida. Uma história que não estava dada previamente ao sujeito, mas que é reconstruída no acto narrativo.

O *terceiro fio* focaliza a importância da narrativa das histórias de vida das professoras como "testamento da docência". Ao longo de cada um dos encontros, tive oportunidade de viver uma intensa experiência de aprendizagem com as professoras, e o desenvolvimento da investigação foi reafirmando o sentido da docência como "lugar de memória" (NORA, 1993) e a contribuição do registro da história de vida como "testamento" (ARENDT, 1972), abrindo a possibilidade de que outras pessoas, na leitura desses testamentos, possam, também, vivenciar uma experiência de aprendizagem que transforme biografia em herança.

O sentido dialógico da pesquisa e da formação, foi se delineando em caminhos ao longo da investigação e se afirmando como um *fio* importante. Busquei o exercício da mediação entre *contextos* e *singularidades*. Observei que a construção do conhecimento sobre o mundo, sobre a vida e a formação se afirma no encontro e no diálogo com o outro e nas possibilidades que esse encontro gera quanto ao ensinar, ao aprender e, especialmente, no transformar de si mesmo, do outro e do mundo, em partilha.

Ao longo da viagem, passei pelo preparo, tempero, cozimento de cada um dos ingredientes. Movimento que se deu em ordem kairótica, um tempo cheio de idas e voltas. Na cozinha, fui fazendo aos poucos ensaios de mistura, experimentando, ainda que de forma fragmentada, indícios de sabores, sentindo cheiros desorganizados que teimavam invadir a cozinha. Voltando às três etapas da mimese propostas por Paul Ricoeur (1994) e às possibilidades da pesquisa como poièsis, vivemos com as professoras uma experiência que se coloca no campo da ação. Ao longo do texto, reconstruímos, narrativamente, essa experiência e, agora, em sua socialização, fazemos o convite às múltiplas leituras e reconstruções.

Referências Bibliográficas

ARENDT, Hannah. *Entre o passado e o futuro*. SP: Perspectiva, p. 28-42, 1972.

BENJAMIN, Walter. *Reflexões*: a criança, o brinquedo e a educação. São Paulo: Summus, 1984.

BRAGANÇA, Inês F. S. *Histórias de vida e formação de professores(as)*: diálogos entre Brasil e Portugal. Évora, Portugal, Tese de Doutoramento, 2009.

CATANI, Denice Bárbara, BUENO, Belmira Oliveira, SOUSA, Cynthia Pereira e SOUZA, M. Cecília C. C. de (Org.). *Docência, memória e gênero*. SP: Escrituras, 1997.

DOMINICÉ, Pierre. *Learning from Our Lives*: Using Educational Biographies with Adults. San Francisco: Jossey-Bass, 2000.

JOSSO, Marie-Christine. *Cheminer vers soi*. Suisse: Editions l'Age d'Homme, 1991.

JOSSO, Marie-Christine. *Experiências de Vida e Formação*. Lisboa: Educa, 2002.

LINHARES, Célia Frazão e NUNES, Clarice. *Trajetórias de Magistério*: memórias e lutas pela reinvenção da escola pública. RJ: Quartet, 2000.

NORA, Pierre. Entre memória e história: a problemática dos lugares. *Revista de Pesquisa Histórica*, São Paulo, n. 10, p. 1-178, 1993.

NÓVOA, António (Org.). *Vidas de professores*. Portugal: Porto Editora, 1992a.

_____. *Os professores e sua formação*. Lisboa: Publicações Dom Quixote, 1992b.

_____ e FINGER, Matthias (ORG.). *O método (auto)biográfico e a formação*. Lisboa: Ministério da Saúde, 1988.

PINEAU, Gaston (Ed). *Accompagnements et Histoire de Vie*. Paris: L'Harmattan, 1998.

_____ & LE GRAND, Jean-Louis. *Les Histoires de Vie*. Paris: Presses Universitaires de France, 1993.

_____ & MICHÈLE, Marie. *Produire sa vie*: autoformation et autobiographie. Paris: Editions Saint Martin, 1983.

RIBEIRO, Renato Janine. Posfácio. In: GINZBURG, Carlo. *O queijo e os vermes*: o cotidiano e as ideias de um moleiro perseguido pela Inquisição. São Paulo: Companhia das Letras, 1987.

RICOEUR, Paul. *Tempo e narrativa* (Tomo I). Campinas, SP: Papirus, 1994.

_____. *Teoria da interpretação*: o discurso e o excesso de significação. Lisboa: Edições 70, 1996.

_____. *Teoria da interpretação*: o discurso e o excesso de significação. Lisboa: Edições 70, 1996.

SOUZA, Elizeu Clementino. *O conhecimento de si:* narrativas do itinerário escolar e formação de professores. Tese de doutoramento, Universidade Federal da Bahia, Salvador, 2004.

Os significados da vida estudantil e da escola nos memoriais dos candidatos à docência na FEUSP (1988-2005)

Bruno Bontempi Jr.

Do latim tardio *memoriále,* a palavra "memorial" significa "aquilo que faz lembrar"; trata-se de uma obra escrit que relata fatos ou feitos memoráveis de um indivíduo ou de uma coletividade. No meio acadêmico, é um documento apresentado pelo candidato a cargo ou título, em que resume sua trajetória profissional e acadêmica. Nele, deve relatar aspectos passados de formação, escolha profissional, atividades de ensino, pesquisa e extensão, produções técnicas e bibliográficas, além de tópicos no tempo futuro, tais como, objetivos, planos para a carreira etc. Dentre as diversas formas autobiográficas, o memorial acadêmico tem ao menos uma peculiaridade: trata-se de uma biografia a ser escrutinada por comissão julgadora, em outras palavras, história de vida feita para ser avaliada e, em caso de sucesso, aprovada. O memorial acadêmico integra as exigências dos editais de concurso e sua arguição corresponde tanto a um item como a um momento do processo seletivo, composto da análise da documentação comprobatória das competências e pré-requisitos formais do candidato, das provas escrita e didática. Nos mais recentes concursos realizados na FEUSP o candidato tem sido orientado a organizá-lo tendo como modelo, ao menos no que tange aos tópicos e à sequencia, o *Currículo Lattes*, o que indica como o *homo academicus* aportou ao *Admirável Mundo Novo*: nossas narrativas terão, daqui em diante, a ordem que o CNPq quiser.

Fechando esse irritante parêntese em favor do que importa neste momento, que é a crítica documental, pode-se dizer que é nessa peculiaridade do memorial acadêmico como registro autobiográfico que repousa sua força e fragilidade como documento histórico. A fraqueza, evidente na exposição que acabo de fazer, é que, tendo em vista o caráter compulsório, a imposição de constrangimentos relativos à forma e ao conteúdo e a destinação à avaliação, o memorial acadêmico não pode ser tomado como livre expressão de uma vida. Sua força reside, contudo, justamente na onipresença desses constrangimentos ao longo de todo o processo de preparação da obra, garantida pela projeção, no autor, do espectro de um interlocutor peculiar: a banca julgadora, legítima depositária dos critérios e valores da comunidade acadêmica e delegada da instituição à qual o candidato aspira. Desde o primeiro esboço, o candidato se pergunta: o que o examinador gostaria que eu dissesse?

Ao ser convidado para fazer parte desta mesa optei por um tema que estivesse mais relacionado às circunstâncias da primeira leitura do memorial pela banca julgadora de um concurso do que às leituras ulteriores, todas residuais, porque permitidas apenas após o escrutínio oficial e, a depender da vontade do candidato, oferecidas nas estantes menos frequentadas das bibliotecas. Sendo assim, pretendi me ocupar de tópicos nos quais os candidatos possam ter provocado nos primeiros leitores uma reação empática, tangendo figuras e valores supostamente aderentes ao cargo ou título pretendido e à instituição representada. Decidi, pois, apresentar e analisar as experiências de vida estudantil relatadas nos memoriais dos candidatos ao ingresso na carreira docente na Faculdade de Educação da Universidade de São Paulo. Comumente dispostos nas primeiras páginas desses documentos, os relatos de experiências escolares, as memórias de instituições de ensino e de professores portam valores atribuídos pelos candidatos a tais experiências, instituições e modelos, bem como representações sociais de escola, escolarização e docência. Em tais relatos os candidatos representam-se ao leitor-examinador como portadores de qualidades e potências que, acumuladas durante a vida estudantil, supõem ser requisitos valorizados pela instituição que os está recrutando.

Por razões práticas, optei por fragmentar os relatos biográficos, ocupando-me exclusivamente dos trechos em que se rememoram experiências anteriores à maturidade. Não ignoro, contudo, que para uma interpretação com maior grau de densidade e credibilidade tais partes deveriam ser integradas ao conjunto orgânico, articulado, "gestáltico", das narrativas, assim como entendo ser óbvio que a experiência do estudante estende-se ao nível superior e à pós-graduação e pode conter vivências "tardias" tão ou mais significativas do que as que marcam as disposições iniciais. Entretanto, trata-se aqui de uma modesta primeira abordagem, que esboça uma hermenêutica das fontes e ensaia a composição de um protocolo de leitura das narrativas, destacando tópicos que possam interessar aos historiadores, caso lhes pareça fértil a minha hipótese de trabalho. O escopo desta comunicação de pesquisa também tem como limite ser a contribuição de um não-especialista, portanto, a intromissão algo abrupta de quem não é versado nas ferramentas conceituais e referências do universo dos estudos (auto) biográficos. Espero, assim, que as eventuais impropriedades desta fala sejam tributadas à ignorância e não à pretensão de seu enunciador.

A seleção dos memoriais para esta investigação resultou de um processo iniciado junto à Assistência Técnica Administrativa da FEUSP, com a colaboração de Sidney Mauro Fontanetti, com quem obtive as normativas dos concursos públicos e processos seletivos ocorridos nesta universidade, além de uma lista dos docentes aprovados em concursos realizados na FEUSP desde 1970. De posse dessa lista, identifiquei, nos relativamente escassos memoriais disponíveis na biblioteca, que nem sempre anunciam sua finalidade imediata em página de rosto, os textos preparados para concursos de ingresso na carreira docente. Entendi, a propósito, que poderiam ser mais interessantes para esta investigação os memoriais para esse tipo de concurso do que, por exemplo, os elaborados como requisito parcial para os de Livre-Docência ou de Professor Titular, simplesmente porque para os concursos de ingresso apresentam-se pessoas alheias à instituição, que supõem, mais do que sabem, que personagens deverão representar em seus "romances de formação".

O depósito dos memoriais na biblioteca não é procedimento obrigatório, não há uma série completa, ano a ano, dos memoriais, e nem mesmo todos os textos disponíveis correspondem a processos de candidatos aprovados e indicados pela banca para a contratação. Logo, a escolha das fontes para esta pesquisa teve de ser aleatória, obedecendo apenas a dois critérios práticos: retirei das estantes sete memoriais para concurso de títulos e provas para o ingresso na carreira docente na FEUSP, segundo a ordem alfabética dos sobrenomes dos autores, que contivessem relatos da vida estudantil, que se estendessem da atual pré-escola ou das séries iniciais do fundamental ao fim do atual ensino médio, respeitando, é claro, as denominações da época. Embora haja entre eles quem tenha iniciado a escolarização nos anos 1950, a maioria dos memorialistas aqui tratados cursou os graus anteriores ao superior dominantemente na vigência da Lei de Diretrizes e Bases de 1961, ou seja, com a escolaridade organizada em quatro anos de ensino primário, com exigência de exame de admissão para o secundário, por sua vez dividido nos ciclos ginasial e colegial, com quatro e três anos de duração, respectivamente. Alguns deles o fizeram na transição para a Lei 5692/72, ou integralmente em sua vigência, o que significa oito anos de ensino de primeiro grau, sem exame de admissão, e três anos de segundo grau. A fim de preservar os colegas que assinaram esses memoriais, para lhes atribuir autoria das narrativas, uso aqui nomes fictícios, extraídos da *Odisséia*, de Homero.

O fato de terem incluído relatos de vida escolar nos memoriais indica, como é óbvio, que tais candidatos entenderam ser cabível informá-los à banca julgadora, como elementos positivos na avaliação para o ingresso na carreira docente. Ora, os relatos da vida estudantil prévia ao ensino superior não são um item obrigatório do modelo (ainda que não explícito, mas de praxe) de memorial acadêmico; portanto, a opção de incluí-los é livre. A presença dessa liberdade permite inferir que a inclusão é uma escolha menos condizente com a norma ou com cânone e mais afeita ao estilo pessoal do autor, que com isto manifesta o desejo de integrá-la a um significado global de sua trajetória e da *persona* que está-se apresentando àquela banca. Muitas vezes, a intenção de utilizar a recapitulação da vida estudantil como elemento explicativo das opções ulteriores é explícita e justifica o modo de organizar o texto. É este o caso de Aquiles, que anuncia: "na primeira [parte], procuro apresentar minha formação até o início do mestrado [...], porque até então estava mais autorizado a me ver como estudante. É nesse tempo que busco os elementos definidores de minhas escolhas profissionais". Também para Menelau, iniciar o relato pela vida de estudante é opção relativa à estrutura e ao significado:

> [Adotei] como linha de raciocínio uma descrição da minha trajetória pessoal-formativa: da infância ao exercício da docência e pesquisa [...]. Tudo indicava [...] que para refletir sobre o professor que me tornei ou que venho sendo seria necessário voltar no tempo, lançar luzes sobre fases e experiências mais escondidas, mas não esquecidas [...]. Uma boa parte do que venho sendo como professor, sobre meus papéis e minhas responsabilidades e acerca de como ensinar e pesquisar provém da minha história de vida.

É significativo que os autores dos memoriais remetam o início de suas trajetórias a dois fatores, que associados, os inserem em condições objetivas e subjetivas relacionadas às classes sociais de origem. Menelau caracteriza de modo explícito sua família como sendo de "classe média baixa", arrolando pelo texto seus principais indicadores: pais imigrantes, de baixa escolaridade e empregos relativamente mal-remunerados; filhos precocemente iniciados na vida profissional. Seus pais, com todas as dificuldades, tiveram sempre a intenção de proporcionar aos filhos uma educação de melhor qualidade, "preocupando-se com as notas, bronqueando com o desempenho, tomando as lições e, ao seu modo, acompanhando as tarefas", pois "a vida escolar era a coisa mais importante no seio da nossa família, chegando a superar o valor atribuído ao trabalho". Os pais de Aquiles e de Telêmaco são desenhados em caracteres bastante semelhantes aos de Menelau. Aquiles, que começa a frequentar a escola no terreiro do sítio de seu pai e que considera tê-la recebido dele como "presente", sempre ouvia dos pais que "a melhor coisa que se pode deixar aos filhos é o estudo". Por isso, todos os sacrifícios em prol de sua escolarização eram considerados válidos, uma vez que "ao filho mais novo precisava ser garantido pelo menos o mesmo estudo dos mais velhos". Telêmaco, por sua vez, marca sua trajetória com o signo da diferenciação com relação à origem familiar:

> [...] desde muito cedo, ficou evidente que algo me afastaria dos hábitos às vezes crassos, às vezes ingênuos de meus pais, ou mesmo de meus irmãos [...]. Assim, a pecha de 'inteligente' foi um traço que sempre me designou na boca de meus pais. Mais do que isso, era um atributo que, de modo inverso ao que se pretendia exultar, definia minha inadequação, meu afastamento e, por fim, meu isolamento deles. Definitivamente, eu teria como dever semear o nome da família em outra freguesia. Tinha sido gerado para ser 'doutor'. E assim se iniciou minha jornada escolar.

Nos relatos de Ulisses e Penélope, uma origem familiar mais aquinhoada dos capitais econômico e cultural parece pavimentar o acesso ao saber e à escolarização bem qualificada e regular. No caso de Ulisses, a alfabetização deu-se de modo autodidata aos cinco anos de idade. Filho de juiz de direito e professora, relata que em casa havia livros por toda a parte, e que seus pais deviam contar e ler histórias para os filhos. Penélope afirma ter convivido com muitos livros e com exemplos domésticos cotidianos sobre o "prazer da leitura". Por sua vez, manifesta uma crença familiar que explica o fato de ter sempre estudado em escolas particulares, "as quais provavelmente atendiam melhor às expectativas de uma família de classe média, que valorizava a importância do conhecimento na formação dos filhos", assertiva que poderia ser refutada por Menelau, Telêmaco, Aquiles e Calipso, que frequentaram o que qualificam de boas escolas públicas. Também estão presentes traços de gênero, mais propriamente, da educação dos gêneros. Ainda que não se trate de uma amostra significativa, nota-se que os rapazes cursaram majoritariamente as escolas públicas e, as moças, particulares. Também diferentemente dos rapazes, das três memorialistas, duas cursaram a escola normal, destinadas que eram ao magistério. Penélope, cuja destinação primeira era o curso de Direito, tem em comum com Atena, que também aprendeu piano, o estudo do francês, o que indica a permanência dos valores ligados à tradição das "boas famílias".

Alguns dos memorialistas indicam de modo explícito, em algumas passagens da vida escolar, que lições aprenderam com as experiências de estudante e de que forma as transformaram em conduta no exercício da docência. Menelau recorda a ocasião em que a professora da segunda série do primeiro grau, "muito alta e elegante, de quem todas as crianças gostavam", agradeceu com um beijo e um abraço o presente que lhe dera no Dia do Professor: "aquela expressão de carinho tornou-me, penso eu, vinculado sentimentalmente a ela, deu-me uma boa impressão de confiança e carinho. Relação essa que, mais tarde, já na condição de professor de crianças pequenas tentei estabelecer com meus alunos". Ulisses, por sua vez, queixa-se da dificuldade que tem para lembrar dos sobrenomes dos antigos professores e tira disso uma conduta: "talvez por isso, quando fui professor, passei a sempre me apresentar aos alunos e identificar o material da minha aula com meu nome completo". O mesmo memorialista, ao lembrar-se de como a manutenção de cadernos atualizados e caprichados no ginásio o favoreceu em seus estudos e no aproveitamento das diversas matérias, acrescenta: "anos depois, já como professor do ensino fundamental, passei a exigir dos alunos a manutenção de um caderno completo e atualizado, como importante instrumento de estudo e de criação de certas rotinas mentais necessárias para a aprendizagem".

Os exemplos de bons professores são recorrentes, sempre com adjetivos que denotam os valores positivos associados à profissão. Penélope afirma que "a maior parte dos professores que me marcaram foram aqueles que demonstravam entusiasmo pelo conhecimento que ministravam" e destaca nomeadamente os da escola de 2º grau, seja pela "erudição", "profundidade", "clareza", "vibração" e "lirismo". Menelau caracteriza os melhores como "atenciosos", "dedicados", "rigorosos", "críticos", "inventivos". Dos professores de um curso preparatório para o colégio militar, lembra que "possuíam um incrível e apaixonante domínio dos conteúdos. Suas exposições eram feitas com tamanha desenvoltura e profundidade [...] que o término de algumas aulas era sucedido por uma verdadeira ovação da plateia". No colégio, encontrou professores militares "apaixonados pelas disciplinas que ensinavam", que o marcaram pelo desempenho em sala de aula com "boa oratória, domínio do conteúdo, voz exuberante e disciplina corporal", além de professores civis, qualificados como "bons exemplos de conduta humana e desportiva", que "demonstravam uma compreensão diferenciada [relativamente aos códigos e condutas militares] das relações humanas".

Outros memorialistas apresentam experiências e personalidades docentes que afirmam ter marcado suas vidas, por serem exemplos de ética, conduta profissional ou virtudes didáticas. Calipso recorda sua professora do 3º ano primário, "de sabedoria ímpar, [que] nos ensinava desde os conhecimentos básicos [...] aos bons hábitos de higiene, amizade, polidez [...]. Seu exemplo de dignidade trago até hoje em minha memória". Ulisses lembra-se da professora de física, cujas aulas não convencionais, "tratando a Física a partir dos conhecimentos e percepções do cotidiano e levando-nos, mediante experimentação, ao estabelecimento de nossas próprias unidades de medida", foram "uma experiência e um modelo que se tornariam marcantes, depois, em minha transformação em professor". A inovação e a criatividade são ressaltadas novamente por Ulisses, que descreve uma professora de 4º ano primário, que "introduzia uma fórmula didática em que os próprios alunos preparavam a exposição de determinados 'pontos', especialmente em ciências, com a apresentação, em grupo, de algumas experiências e demonstrações [...]"; e Menelau, que diz ter-se impressionado com uma professora primária que "propunha atividades de ensino diferenciadas: organizava trabalhos manuais, organizava competições de tabuada, sugeria experimentos com plantas e insetos [...]".

Outros professores, porém, marcaram a memória dos candidatos-autores com lembranças menos felizes: Calipso relembra que os docentes do curso de magistério desconsideravam "veementemente os alunos como sujeitos do processo no desenvolvimento e na aprendizagem", com isso, negando aos futuros professores o acesso ao conhecimento. Há recordações ainda mais negativas, porque associadas a situações de violência: Telêmaco apresenta a professora que o alfabetizou pela cartilha *Caminho Suave*, como sendo "dona de um buço avantajado, temidíssima pelo seu rigor e pelos puxões de orelha que distribuía esporadicamente aos alunos 'vagabundos e malcriados', ela era o modelo da docente-primária-missionária e nada suave". Ulisses cita uma professora do segundo ano primário, que era "muito brava, mas que ensinava muito bem":

> [...] lembro-me da professora dando uma reguada na mão de um colega que sentava perto de mim e de isso ter-me impressionado bastante [...] Tratava-se, é claro, de um uso muito perverso da autoridade, transformada em violência – o curioso é que essa violência nos parecia 'normal', 'legitima', já que a professora mandava e os alunos deviam obedecer".

A violência legítima revela-se em caso exemplar na narrativa de Menelau sobre o colégio militar, em que os professores tinham posto equivalente ao de Capitão e, por isso, o poder de requerer punições aos alunos. Menelau conta que foi preso por três dias, por ter feito uma redação em que descrevia uma "relação amorosa".

Ulisses comenta que tinha alguma certeza de que o castigo físico administrado pela severa professora não aconteceria com ele, pois não era "bagunceiro", o que conduz a outro tópico interessante dos memoriais. Todos os candidatos-autores apresentam-se às bancas como bons alunos, disciplinados e esforçados. Menelau, que no curso preparatório para o colégio militar, estudou "todos os dias de forma desesperada", e Aquiles, cujo percurso escolar foi acidentado e descontínuo, são exemplos de muito esforço. Atena revelou-se, em sua longa permanência em colégio católico no interior de São Paulo, "uma aluna interessada, estudiosa e crítica", tendo sido laureada ao final do Curso Normal por obter o primeiro lugar em sua turma. Penélope afirma ter sido "sempre [...] boa aluna, tanto do ponto de vista do rendimento, como da disciplina". Ulisses conta ter sido um aluno tão competente que, tendo cursado o primário em duas escolas de cidades diferentes, acabou fazendo os exames finais em ambas, já que "as duas professoras insistiram, pois sendo eu um dos melhores alunos, poderia representar vantagem na carreira das professoras ter mais alunos aprovados com nota máxima". O caso de Telêmaco é um pouco diferente. No primário, cursado em sua pequena cidade natal do interior, recebeu medalhas de mérito "pela obediência e aplicação cotidianas". Tendo-se mudado para um ginásio em uma cidade de maior porte, passou, porém, a ser um aluno apenas mediano. A relação com a autoridade também se abalou, vindo desse tempo "uma das marcas que me acompanhou pelo resto de minha trajetória escolar e também profissional: a inconformidade. Do 'inteligente, prestativo e obediente' foi apenas um passo para o 'indisciplinado, insolente e atrevido'". Assim, enquanto Calipso recorda com reverência e positividade as "atividades como [o] canto do Hino Nacional cantando todos os dias e por todos os alunos [...], não sem antes formarmos filas com a distância de um braço e silêncio absoluto para ouvirmos o diapasão da professora de música", Telêmaco mostra-se avesso aos professores do ginásio, que em confronto com os "jovens transviados" como ele, "apelavam para a moral e os bons costumes" e falavam em Deus, Pátria e Família: "simulávamos concordância, mas no fundo queríamos apenas ser deixados em paz pela velha guarda e nos divertirmos 'à beça' [...], acompanhados de um diploma secundário, é claro".

As experiências escolares dos candidatos estão emaranhadas de sensações revividas, das quais a "ansiedade" é a mais frequentemente referida, talvez por estar associada ao momento mesmo de elaboração do memorial, às vésperas de um concurso de títulos e provas. Menelau fala da ansiedade que sentia nos começos de ano, associada ao ritual de encapar livros e cadernos e conferir todo o material antes de as aulas começarem, do cheiro de álcool das provas mimeografadas em estêncil, da ansiedade das noites de domingo, em que sentia "certo friozinho na barriga quando ouvia [...] a música do *Fantástico*". Telêmaco, muito atento ao aspecto físico das cidades e à arquitetura dos edifícios escolares, lembra do ruído das longas tábuas de madeira dos corredores do Grupo Escolar, "rangendo ao passo dos professores". Calipso, que teve de enfrentar o exame de admissão para o ginásio, lembra-se da ansiedade diante do sorteio dos pontos e do tema da redação, ápices da "angústia generalizada" dos estudantes que, como diz, estavam saindo "de um sistema onde todos se agregavam a um único professor e de repente, através de uma seleção com um crivo rígido, [eram classificados] como aptos ou não a prosseguir os estudos". Diante de outro gargalo do sistema, o vestibular, Penélope conta que, tendo optado por não fazer o cursinho, criou com cinco colegas um grupo de estudos, mas "apesar do clima descontraído das reuniões [...], lembro-me da ansiedade que me invadiu na véspera dos exames, foi um período tenso".

Nos memoriais que escreveram para os concursos de títulos e provas para o ingresso na carreira docente na Faculdade de Educação da Universidade de São Paulo, os candidatos-autores optaram por narrar experiências escolares e pré-escolares às bancas julgadoras. Adotando uma hipótese pragmática, considerei plausível que com esta opção tivessem tido a intenção de comunicar qualidades associadas a valores positivos para a função docente. Ao ler transversalmente as narrativas, identifiquei que os memorialistas, em alguns casos de maneira explícita, entenderam ser este o melhor modo para organizar o texto em função de beneficiar o fluxo da memória e de atribuir a acontecimentos e experiências da vida estudantil um caráter determinante para as escolhas que vieram a tomar adiante. Como memória, trata-se de uma leitura do presente sobre o passado, uma vez que são nossas escolhas posteriores que conferem significado aos fatos do passado, e não o contrário. Como discurso, porém, as vivências escolhidas (ou inventadas) pela memória operam como argumento a fim de confeccionar a épica de um professor "em potência". Esse professor mostra-se apto para o cargo por ter estado dele imbuído, por toda a vida. Acresce que, diferentemente de outras profissões, como a do administrador de empresas, em que os candidatos indicam em cartas de intenções suas ambições e expectativas futuras para o cargo, na carreira de professor, carregada de sentido missionário e ascético, parece ser preferível dar a entender que a escolha tenha-se dado em um passado no qual teria emergido essa vocação, a dizer que haja, a vislumbrar no futuro, benefícios a obter na posse do cargo.

Os memorialistas, dominantemente, incluem em seus relatos as vidas familiares e condições originais de classe e status social, que, associadas à valorização da escolaridade e à escolha de "boas escolas" pelos pais, geralmente produzem no leitor a empatia pelo esforço e pela qualificação, obtida sob circunstâncias mais ou menos adversas. Os professores com os quais conviveram são evocados emotivamente como portadores de qualificações valorosas para a docência, notadamente quando são apresentados como exemplos e modelos de conduta. Em oposição, os maus professores são associados a experiências de violência ou constrangimento e a práticas de ensino ultrapassadas ou ineficazes, caso em que se manifesta a avaliação *post festum*, pelo professor formado e tarimbado do presente, das estratégias didáticas a que fora submetido como aluno. Exceto por um caso, os memorialistas apresentam-se como bons alunos, ou seja, cumpridores, obedientes e inteligentes em todo o percurso escolar, promovendo assim a identificação entre o bom aluno e o bom professor. A ansiedade pelo concurso, suponho, conduz a memória dos candidatos a iluminar momentos em que esse sentimento teve lugar na vida escolar, o que normalmente se dá em situações de passagem de nível na escala do sistema escolar.

Sim, cada sujeito é único e suas experiências são irreplicáveis. Ao final deste cruzamento de autobiografias, porém, em que circunstâncias e significados muito semelhantes foram vividos e percebidos quase simultaneamente por sujeitos que não se conheciam, toma vulto o que nos envolve, o que respiramos e que, no entanto, não podemos ver. Surge a imagem do que nos aproxima e do que faz os singulares serem tão familiares. A presença da instituição escolar em nossa vida social, como experiência prática e como representação, torna-nos alunos, cria para nós os colegas, põe-nos diante professores-paradigma, responde de algum modo às expectativas e esperanças de nossos pais, de nossas famílias. Quando damos o salto para a docência, é a essas experiências que procuramos dar sentido, pois são elas que compõem os traços do auto-retrato que desejamos seja visto e considerado belo, que nos definem como indivíduo único e irredutível e simultaneamente como membro de uma coletividade que compartilha valores e experiências. Passamos pela escola, como é trivial, mas em momentos como esse é que percebemos como ela passou para dentro de nós.

Docência e autoria: possibilidades para as pesquisas acerca da história da profissão docente

Anamaria Gonçalves Bueno de Freitas

Apresentação

A produção de pesquisas no campo[1] da História da Educação, nas últimas três décadas, tem demonstrado a importância das temáticas relacionadas com a História da Profissão Docente. Através de fontes diversas, registros da atuação de professores, suas práticas de formação e de docência, suas estratégias de organização e de produção de saberes, bem como, as trajetórias de diferentes professores e professoras estão sendo inventariados e analisados nas diferentes regiões do Brasil[2].

1 A noção de campo, neste estudo, é tomada a partir da elaboração de Pierre Bourdieu: "é um espaço estruturado de posições cujas propriedades dependem das posições neste espaço [...] para que ele funcione é preciso que haja objetos de disputas e pessoas prontas para disputar o jogo [...] que conheçam e reconheçam as leis imanentes do jogo e dos objetos de disputa [...] . A estrutura de campo é um estado de relações de forças entre os agentes e as instituições engajadas na luta [...] tudo aquilo que constitui o próprio campo, o jogo e os objetos de disputas, todos os pressupostos que são tacitamente aceitos." (BOURDIEU, 1980, p. 89-91)

2 Entre alguns estudos que tratam da formação e atuação docente em diferentes estados brasileiros, pode-se citar, entre outros: BASTOS, Maria Helena Camara; BENCOSTTA, Marcus Levy, CUNHA, Maria Teresa Santos (orgs.) *Uma cartografia em pesquisa*

A fertilidade destas pesquisas tem demonstrado a importância de valorizar a expressão escrita de professores. Por isso, o objetivo deste estudo é apresentar algumas possibilidades de pesquisa que possam elucidar elementos da História da Profissão Docente, a partir da relação entre docência e autoria[3], principalmente no tocante a produção de livros didáticos nas décadas de 30 e 40, do século XX.

Diante deste contexto, pode-se perguntar: por que, para que e para quem escreveriam os professores e as professoras? Em que medida a escrita docente de livros didáticos servia como mediação para os processos de legitimação na carreira do magistério? Seriam apenas objetivos materiais que estimulariam os professores e as professoras a escreverem livros didáticos?

Catani (2008) destaca que através da produção de manuais, revistas especializadas ou da escrita memorialística pode-se apreender características do campo educacional e das formas de produção e circulação de saberes e conhecimentos, com objetivos diferenciados:

---

em História da Educação na Região Sul: Paraná, Santa Catarina, Rio Grande do Sul (1980-2000). Pelotas: Seiva, 2004; PEIXOTO, Ana Maria Casasanta; PASSOS, Mauro. (orgs.) *A escola e seus atores:* educação e profissão docente. Belo Horizonte: Autêntica, 2005; VASCONCELOS, José Gerardo; NASCIMENTO, Jorge Carvalho do (orgs). *História da Educação no nordeste brasileiro.* Fortaleza: Edições UFC, 2006; ARAÚJO, José Carlos Souza; FREITAS, Anamaria Gonçalves Bueno de; LOPES, Antonio de Pádua Carvalho (orgs.) *As escolas normais no Brasil:* do Império à República. Campinas: Editora Alínea, 2008; SOUZA, Elizeu Clementino de; MIGNOT, Ana Chrystina Venancio (orgs.) *Histórias de vida e formação de professores.* Rio de Janeiro: Quartet, FAPERJ, 2008; TAMBARA, Elomar; CORSETTI, Berenice (orgs.) *Instituições formadoras de professores no Rio Grande do Sul.* Pelotas: Editora da Universidade UFPel, 2008. Vol. 1 e 2; TAMBARA, Elomar; CORSETTI, Berenice (orgs.) *Instituições formadoras de professores no Rio Grande do Sul.* Pelotas: Editora da Universidade UFPel, 2009. Vol. 3. VICENTINI, Paula Perin; LUGLI, Rosário Genta (orgs.) *História da profissão docente no Brasil:* representações em disputa. São Paulo: Cortez, 2009.

3 Não pretende-se aqui um estudo exaustivo da produção nacional sobre a relação entre docência e autoria, a intenção é apenas indicar possibilidades diversificadas de pesquisa, e algumas referências fundamentais para aqueles que pretendem encaminhar suas investigações tendo como horizonte a pesquisa histórico educacional e a autoria-didática.

> [...] impressos produzidos por professores (especialmente revistas, manuais pedagógicos e obras memorialísticas) têm, há algum tempo, permitido conhecer aspectos centrais dos processos de formação/trabalho docente, especificidades do funcionamento desse espaço profissional e formas de circulação de modelos e conhecimentos pedagógicos [...] Trata-se de buscar compreender os sentidos atribuídos ao processo de escrita empreendido pelos profissionais do magistério. Sustenta-se tal investimento na observação de alguns fatos, dentre eles: a) as aspirações à produção da ciência ou de conhecimentos científicos; b) aspirações à produção de um saber prático legitimado pelas ciências com modos peculiares de apropriação e condensação de informações e c) as aspirações éticas e literárias presentes nas obras memorialísticas. (CATANI, 2008, p. 1)

A partir destas diferentes "aspirações" e experiências de produção escrita, entende-se que caberia propor uma reflexão sobre a especificidade da autoria-didática. A primeira vista pode nos parecer que o autor e/ou autora que seleciona textos literários, que propõe uma série de exercícios associados a regras gramaticais ou teoremas matemáticos, que organiza cronologicamente fatos históricos, que explica conceitos da Geografia, Física ou Química, que ensina outra língua não poderia ter o mesmo estatuto de autoria conferido àquele/àquela que escreve obras literárias. Sem dúvida há diferenças nestas produções. No entanto, cabe lembrar que aquele que "traduz" em lições os conhecimentos acumulados pela humanidade, de modo a permitir sua apreensão, por crianças, jovens e adultos, faz mais do que simplesmente produzir sínteses.

Na condição de professor e professora, o autor e autora[4] de livros didáticos e manuais, expõe valores, concepções, posições

4 Trata-se neste texto, especificamente, de autores e autoras de livros didáticos que foram professores e professoras, nas décadas de 30 e 40, do século XX. Há uma diver-

partilhadas (ou não) e se submete a diversos processos de crítica e regulação emitidos por: seus próprios pares, pelos pais dos alunos, pelos próprios alunos, pelas autoridades educacionais (através da legislação, conselhos, normas, pareceres, comissões julgadoras, congregações docentes), pelos interesses editoriais, por outros autores e leitores.

A "aspiração" de explicitar um "saber prático legitimado pelas ciências com modos peculiares de apropriação e condensação de informação" (CATANI, 2008, p. 1) estabelece uma relação de autoria específica, marcada e mediada por relações simbólicas de poder.

Nesse sentido, Bourdieu adverte:

> [...] o empenho na acumulação de saberes e conhecimentos é indissociável da busca de reconhecimento e do desejo de fazer nome; a competência técnica e o conhecimento científico funcionam simultaneamente como instrumentos de acumulação de capital simbólico; os conflitos intelectuais também são sempre conflitos de poder, as polêmicas da razão sendo igualmente lutas de rivalidade científica e assim por diante. [...] a luta sempre se desenvolve sob o controle das normas constitutivas do campo e valendo-se apenas das armas nele autorizadas, fazendo com que, ao pretender aplicar-se às propriedades das coisas, às suas estruturas, seus efeitos etc., ou ao reivindicar então o estatuto de verdades, as proposições mobilizadas nessa luta se reconheçam de maneira tácita ou explícita como passíveis de prova de coerência e do veredicto da experiência. (BOURDIEU,2007, p.134-135)

Legitimidade, experiência, competência didática comprovada, aprovação em concursos públicos, exercício do magistério em insti-

sidade de composição da autoria-didática, poderíamos identificar, entre diferentes autores de livros didáticos: intelectuais e literários (que não exerceram o magistério), grupos de autores, educadores, jornalistas.

tuições de ensino renomadas, formação acadêmica, domínio de línguas estrangeiras, entre outros elementos parecem produzir "efeitos" específicos na autoria-didática, nas décadas de 30 e 40, do século XX. Nos "conflitos de poder" estabelecidos entre as editoras para a seleção e manutenção de autores e coleções didáticas, neste período, observamos que as disputas são travadas não apenas no campo educacional, mas também diante de "normas" que regem o campo editorial.

A autoria docente e a produção de livros didáticos

No final do século XIX, os processos de normatização da profissão, a organização de associações docentes e a produção da imprensa periódica educacional, possibilitaram novos parâmetros para atuação no magistério, e a difusão de saberes e conhecimentos pedagógicos.

Catani (2008) observou que no campo educacional brasileiro, a propósito da produção e circulação de saberes pedagógicos, três momentos distintos: "o final do século XIX; as décadas de 20 e 30 do século XX, e os decênios de 1960-70". Assim, a autora elaborou três categorias de educadores a partir deste contexto: os "educadores-cientistas" que escreviam em defesa da pedagogia como ciência, desde o final do século XIX; os "educadores-tradutores", que traduziam os conhecimentos científicos aplicados ao ensino e também escreviam "para pautar diretamente a conduta docente" (presentes principalmente no segundo período); e nas décadas de 1960 e 1970, os "educadores-literatos", que "afirmam-se pelo recurso à modalidade artística", principalmente através de obras de cunho memorialista. (CATANI, 2008, p. 1).

No caso deste estudo, como pretende-se elucidar aspectos da relação entre docência e autoria didática de professores, nas décadas de 30 e 40 do século XX, focamos a nossa atenção, na categoria dos "educadores-tradutores". Amplia-se um pouco mais o recorte temporal proposto por Denice Catani, em uma década, para visualizar-se possibilidades investigativas no sentido de compreender o investimento de professores e professoras em produções de livros e/ou coleções didáticas.

Para Catani (2008), as obras dos "educadores-tradutores" divulgavam os saberes legitimados no campo educacional bem como aspectos da legislação, que foram organizados para a melhor disseminação das formas reconhecidas de ensinar diferentes disciplinas e conteúdos, bem como favoreciam a assimilação das regras de conduta desejáveis para a atuação docente.

> [...] cabe sublinhar que se compreende melhor aquilo que é próprio das produções educacionais, quer seja do que se produz como ciência quer seja como obra de divulgação (o caso dos manuais) quando se busca analisar as operações de escrita dessas obras articulando-as com o quadro das apropriações e relações que marcam o campo educacional em diferentes momentos. Nessa direção, falar de *educadores-tradutores* e da obra de escrita dos manuais[5] ou dos periódicos, por exemplo, exige conforme se evidenciou a consideração do estado do campo no qual surgem essas produções. Muito seguramente a distinção atribuída aos escritores de manuais pedagógicos é de uma certa ordem no primeiro e no segundo momentos aqui referidos, o final do século XIX e a década de vinte ou trinta do século XX, períodos nos quais, com maior frequência tais escritores pertencem aos mesmos espaços de trabalho

5 Catani (2008) ao produzir a categoria dos "educadores-tradutores" teve como uma de suas referências a produção de manuais pedagógicos para professores. No caso deste estudo, amplia-se a noção de "tradução de conhecimentos científicos e regras de conduta desejáveis", também para livros didáticos, vinculados ao ensino primário, secundário, normal e superior.

que os professores ou alunos para os quais elaboram os artigos ou livros. (CATANI, 2008, p. 6. Grifos da autora)

A prática já adotada desde o final do século XIX, no Brasil, de ter como autores de livros didáticos professores catedráticos de instituições educacionais legitimadas socialmente, como o Colégio Pedro II, no Rio de Janeiro; a Escola Normal Caetano de Campos, em São Paulo, entre outros, a partir da década de 40, do século XX, os editores associaram ao grupo já constituído de autores reconhecidos a presença de professores e intelectuais que lecionavam no ensino superior e/ou ocupavam cargos importantes na administração educacional.

Observa-se também que no processo de divulgação dos títulos dos livros didáticos, muitas estratégias foram assumidas pelos editores/autores/autoras, entre elas: propagandas em revistas pedagógicas de circulação gratuita ou por assinatura; anúncios em jornais de grande circulação; palestras proferidas pelos autores/autoras em diversas regiões do país; reclames em programações radiofônicas; concessão de entrevistas em jornais e diferentes emissoras de rádio pelos autores.

Através destas estratégias, a visibilidade dos autores e autoras era ampliada, o que poderia nos indicar a busca do conhecimento/reconhecimento no campo educacional. Como lembra Catani, as produções escritas dos professores e professoras, em diferentes modalidades "expressam as disputas por legitimidade no interior do campo e também no espaço mais amplo das ciências humanas." (CATANI, 2008, p.1).

Além disso, é importante salientar que algumas editoras[6], após as reformas educacionais implementadas na gestão de Getúlio Var-

6 Sobre a produção de livros didáticos e a relação com as editoras, no período investigado, verificar, entre outros: HALEWELL, Laurence. O livro no Brasil. 2ª. Edição revista e ampliada. São Paulo: Editora da Universidade de São Paulo, 2005; PAIXÃO,

gas, nas décadas de 30 e 40 do século XX[7], acabaram se dedicando à produção de livros didáticos para o ensino superior. A expansão do ensino secundário brasileiro nas décadas de 40 e 50, principalmente no nível ginasial, favoreceu o investimento na produção de obras didáticas, mas o risco de novas reformas educacionais impôs a algumas editoras, cautela, em relação a esse nível de ensino. No caso do ensino superior, apesar do crescimento ser mais lento e gradual nessas décadas, havia a possibilidade da tradução de clássicos, e mesmo da divulgação de livros dos professores que traziam como capítulos o desenvolvimento de seus programas de ensino.

Segundo Hallewell (2005, p.280) a produção e o investimento em livros didáticos "constituem uma linha de vendas segura e permanente, além de proporcionar ao editor nacional uma vantagem sobre os competidores estrangeiros, cujos produtos jamais podem adap-

---

Fernando (coord.). Momentos do livro no Brasil. São Paulo: Ática, 1995; TOLEDO, Maria Rita de Almeida. Coleção Atualidades Pedagógicas: do projeto político ao projeto editorial (1931-1981). São Paulo: Pontifícia Universidade Católica de São Paulo. 2001. (Tese de Doutoramento); GONÇALVES, Rita de Cássia. Comissão de seleção dos livros didáticos (1935-1951): guardiã e censora da produção didática. São Paulo: Pontifícia Universidade Católica de São Paulo. (Dissertação de Mestrado – Linha de Pesquisa: História, Política e Sociedade), 2005.

7 A Reforma Francisco Campos foi realizada a partir dos seguintes decretos, entre outros: Decreto 19.850 de 11 de abril de 1931 (Cria o Conselho Nacional de Educação); o Decreto 19.851 de 11 de abril de 1931(Dispõe sobre a organização do ensino superior no Brasil e adota o regime universitário); o Decreto 19.890, de 18 de abril de 1931 (Dispõe sobre a organização do ensino secundário); o Decreto 21.241, de 14 de abril de 1932 (Consolida as disposições sobre a organização do ensino secundário). A Reforma Capanema ficou conhecida através das "Leis Orgânicas do Ensino". Foram efetivadas na década de 40, a partir do: Decreto-Lei 4.073 de 30 de janeiro de 1942 (Lei Orgânica do Ensino Industrial; Decreto-Lei 4.244 de 9 de abril de 1942 (Lei Orgânica do Ensino Secundário); Decreto-Lei 6.141 de 28 de dezembro de 1943 (Lei Orgânica do Ensino Comercial); Decreto-Lei 8.259 de 2 de janeiro de 1946 (Lei Orgânica do Ensino Primário); Decreto-Lei 8.260 de 2 de janeiro de 1946 (Lei Orgânica do Ensino Normal); Decreto-Lei 9.613 de 20 de agosto de 1946 (Lei Orgânica do Ensino Agrícola). Apenas as três primeiras foram efetivadas na gestão de Gustavo Capanema, as últimas foram estabelecidas na gestão de Raul Leitão da Cunha no Ministério da Educação, após a queda do Estado Novo.

tar-se tão bem às condições ou aos currículos locais". É através desta perspectiva de investimento e venda garantida, que muitos editores a partir do final do século XIX vão de dedicar à produção dos livros didáticos no Brasil.

Nas primeiras décadas do século XX, o mercado editorial didático diversifica-se e profissionaliza-se, com a compra de equipamentos modernos e treinamento de pessoal especializado, principalmente, na Europa. As editoras estrangeiras que atuavam exclusivamente neste mercado foram obrigadas a dividi-lo com jovens editores nacionais e com grupos de empresas (como por exemplo a associação de gráficas e papelarias, no Rio de Janeiro em São Paulo) que se organizaram com o intuito de produzir não apenas livros mas também outros materiais didáticos, como: mapas, cadernos, cartazes, blocos de papel, tabuadas, cartilhas, entre outros.

No entanto, no Governo Vargas e com a implantação do Estado Novo, a censura à imprensa, a prisão de intelectuais e literatos, e a alteração das leis que regiam o ensino, entre outras medidas de centralização, os editores bem como os autores de livros didáticos brasileiros foram desafiados a alterarem a forma e o conteúdo de suas produções. Hallewell (2005) apresenta o significado destas mudanças:

> [...] as editoras de livros didáticos foram atingidas pelas consequências de uma drástica reforma do ensino secundário. [...] Em abril de 1942, o novo ministro da Educação, Gustavo Capanema, produziu uma ampla reviravolta no ensino secundário, que perduraria até 1961: a reforma que leva seu nome. [...]Às editoras, foi concedido um prazo de apenas quatro meses para adequarem as novas edições de todos os livros didáticos para o nível secundário. Para a Companhia Editora Nacional, isso significava a revisão drástica e imediata de não menos de quarenta títulos. (HALEWELL, 2005, p. 366-367)

Enquanto algumas editoras "quebravam" com as mudanças no mercado editorial e as novas exigências determinadas pelo Ministério da Educação[8], outros editores se dedicavam a encontrar novas estratégias para se manterem competindo.

Assisti-se nas décadas de 30 e 40 do século XX, a disputa dos editores pelos autores e autoras de livros didáticos, de maior presença no campo educacional, aumentou e a produção de coleções se apresentou como uma forma de garantir o retorno dos investimentos efetuados para atender rapidamente as novas demandas. Em relação a este aspecto Toledo (2001) adverte:

> O investimento nas coleções, por parte dos editores, tem como objetivo ampliar o público leitor pelo barateamento dos custos de cada livro produzido. Á medida em que a característica fundamental da produção de uma coleção é justamente a sua padronização em termos de cobertura (capa, lombada, contra-capa), de estrutura interna (estabelece-se um modelo ao qual os textos publicados são submetidos) e das estratégias de divulgação, há um barateamento da produção dos livros nela incluídos. [...] Além disso, há todo um investimento em um aparelho crítico dos livros, que tem como função ou a dida-

8 A Comissão Nacional do Livro Didático – criada inicialmente pelo Decreto-Lei 1006, de 30/12/1938, foi regulamentada sucessivamente até a consolidação através do Decreto-Lei 8.460 de 26 de dezembro de 1945. Entre essas regulamentações sucessivas, encontra-se: o Decreto-Lei 1.177 de 29 de março de 1939 que dispõe sobre o funcionamento da Comissão Nacional do Livro Didático para o ano de 1939, aumentando o número de membros de sete para dezesseis; o Decreto-Lei 1.417 de 13 de julho de 1939 que entre outros aspectos permitia que um dos membros da Comissão Nacional do Livro Didático pudesse requerer a autorização para a publicação de obras de sua autoria; o Decreto- Lei 2.359 de 3 de julho de 1940, de 3 de julho de 1940, que também trata de novo regulamento para o funcionamento da Comissão Nacional do Livro Didático. Maiores informações sobre os citados decretos, consultar: GONÇALVES, Rita de Cássia. Comissão de seleção dos livros didáticos (1935-1951): guardiã e censora da produção didática. São Paulo: Pontifícia Universidade Católica de São Paulo. (Dissertação de Mestrado – Linha de Pesquisa: História, Política e Sociedade), 2005.

> tização da obra ou uma sofisticação de sua apresentação. [...] Os sistemas de difusão das coleções também são específicos. O editor não oferece ao leitor um título novo, mas um conjunto de títulos organizados, em uma determinada ordem. (TOLEDO, 2001, p. 3-5)

Ser autor ou autora de uma coleção didática para o ensino primário, secundário ou superior, por um lado poderia parecer uma tarefa a mais imposta a um profissional que para manter sua família lecionava em mais de um estabelecimento de ensino, em pelo menos dois turnos diários de trabalho, quando não associava também aulas particulares a domicílio ou em sua própria residência, principalmente na época dos exames finais, para fazer frente às suas necessidades materiais mais urgentes. Entretanto, era a possibilidade de receber dinheiro através de uma atividade prestigiada, ser convidado para palestras, em diferentes cidades, conceder entrevistas nos jornais e revistas de maior circulação na cidade, enfim, alcançar uma visibilidade que lhe permitiria ser convidado a lecionar em outros colégios ou mesmo a ocupar cargos na administração educacional. É claro que nem todos os autores e as autoras de livros didáticos do período puderam "desfrutar" de todas essas conquistas, elas estavam reservadas a um número cada vez menor de autores, que se dedicavam a produzir livros para mais de uma disciplina, que circulavam em várias cidades brasileiras.

No entanto, observa-se que muitos autores de livros didáticos que atuaram como professores da Escola Normal de São Paulo, ou no Ginásio Paulistano, nas décadas de 30 e 40, foram nomeados ou fizeram concurso para a Universidade de São Paulo, no final da década de 40 e início dos anos de 50[9].

---

9 Apenas observando a trajetória de alguns professores que escreveram livros didáticos de Língua Portuguesa e de Latim para o ensino ginasial, identifica-se para o período investigado, em São Paulo, os seguintes docentes que exemplificam a perspectiva de

É importante ressaltar que a autoria-didática não garante por si só a ascensão na carreira docente, mas parece ser um elemento que precisa também ser considerado. O processo de ingresso no mercado de publicação didática impõe aos autores e autoras deste período uma intensa exposição na imprensa, sendo comum as polêmicas travadas nos jornais, entre autores de livros didáticos, e artigos que "celebram os erros" de determinados autores e obras. Assim, a autoria-didática, neste período, implica em aprender lidar com o sucesso e com a difamação pública, simultaneamente, como parte do mesmo "jogo"[10].

E as fraudes em relação aos direitos autorais não atingiram os professores e as professoras autores de livros didáticos, no período investigado? Certamente que sim, no entanto, muitos livros didáticos possuíam mais de uma edição anual, a maioria dos exemplares era numerada, e aqueles que conseguiam receber dez por cento do preço de capa (era o que algumas editoras costumavam pagar, como direito autoral, neste período), de cada exemplar, multiplicado pelo número de alunos de cada instituição de ensino, mesmo com as "reservas" da editora, ainda assim recebiam uma quantia recompensadora. No entanto, a maioria dos "sucessos editoriais" no campo da literatura didática, não conseguia manter o mesmo ritmo durante muitos anos.

A necessidade de inovação pedagógica, a disputa pelos autores e autoras mais jovens, fazia com que as editoras "descartassem"

---

ampliação da visibilidade através da produção didática e do acesso a cadeiras no ensino superior: Francisco Silveira Bueno (1898-1989), Aída Costa, José Cretella Júnior, João Teodoro D'Olim Marote.

10 O sentido do "jogo", o interesse e o desinteresse, parece constituir elementos do *habitus* do professor-autor (ou da professora-autora), no período investigado. Como ressalta Bourdieu: "É na relação entre o *habitus* e o campo, entre o jogo e o sentido do jogo, que se engendram os móveis do jogo e que se constituem os objetivos jamais afirmados como tais, potencialidades objetivas as quais, embora não existam fora dessa relação, acabam por se impor, no interior dela, com uma necessidade e uma evidência absolutas." (BOURDIEU, 2007, p. 184)

muito rapidamente seus autores mais antigos. Alguns professores e professoras buscaram sua manutenção no mercado editorial através da diversificação de sua produção, além de livros didáticos, publicaram também: gramáticas, dicionários, livros de viagem, romances, poesias, traduções, memórias, entre outros.

Considerações finais

Na primeira metade do século XX, a imprensa periódica educacional[11] ampliou e diversificou o espaço de atuação para os professores-autores. Quer seja através de artigos para jornais e/ou revistas, bem como, na produção de manuais e livros didáticos [12] e obras me-

11 Sobre a imprensa periódica educacional, consultar, entre outros estudos: CATANI, Denice Bárbara *Educadores à meia-luz*: um estudo sobre a Revista do Ensino da Associação Beneficente do Professorado Público de São Paulo. Bragança Paulista: EDUSF, 2003; CATANI, Denice Bárbara; SOUSA, Cynthia Pereira. *Imprensa periódica educacional paulista (1890-1996) – Catálogo.* São Paulo: Plêiade, 1999; CATANI, Denice Bárbara; BASTOS, Maria Helena Câmara (orgs.) *Educação em revista:* a imprensa periódica e a História da Educação. São Paulo: Escrituras, 2002; BASTOS, Maria Helena Camara. *A Revista de Ensino no Rio Grande do Sul (1939-1942):* o novo e o nacional em revista. Pelotas: Seiva Publicações, 2005; SCHELBAUER, Analete Regina; ARAÚJO, José Carlos Souza. (orgs.) *História da educação pela imprensa.* Campinas: Editora Alínea, 2007; BICCAS, Maurilane de S. *O impresso como estratégia de formação:* Revista do Ensino de Minas Gerais (1925-1940). Belo Horizonte: Argvmentvm, 2008.

12 Sobre a produção de manuais didáticos, verificar, entre outros estudos: SILVA, Vivian Batista. *Saberes em viagem nos manuais pedagógicos:* construções da escola em Portugal e no Brasil (1870-1970). São Paulo: Faculdade de Educação, Universidade de São Paulo, 2005. (Doutorado em Educação) Sobre livros didáticos, além das obras já citadas, verificar entre outros: MUNAKATA, Kazumi. *Produzindo livros didáticos e paradidáticos.* São Paulo: Pontifícia Universidade Católica de São Paulo, 1997. (Tese de Doutorado em História e Filosofia da Educação). RAZZINI, Márcia de Paula Gregório. *O espelho da nação:* a Antologia Nacional e o ensino de Português e de Literatura (1838-1971). Campinas: Instituto de Estudos de Linguagem, Universidade Estadual de Campinas, 2000. (Tese de Doutorado).2. vol.; CHOPPIN, Alain. O historiador e o livro escolar. *Revista História da Educação.* Pelotas: Editora da UFPel, 2002. p.5-24.; TAMBARA, Elomar; PERES, Eliane. (orgs) *Livros escolares e ensino da leitura no Bra-*

morialísticas[13] o campo editorial possibilitou nestas primeiras décadas do século passado uma maior visibilidade da autoria-docente, principalmente nas principais capitais do país.

O investimento no mercado editorial brasileiro e sua profissionalização favoreceram a seleção de professores e professoras para atuarem no campo da autoria-didática, nas décadas de 30 e 40, do século XX, no Estado de São Paulo. Esse movimento permitiu que o exercício do magistério associado à produção didática legitimasse alguns professores para a conquista de postos de trabalho de maior prestígio, em instituições de ensino superior e ou em cargos administrativos.

---

sil (séculos XIX e XX). Pelotas: Seiva Publicações/Fapergs, 2003; TAMBARA, Elomar. *Bosquejo de um ostensor do repertório de textos escolares utilizados no ensino primário e secundário do século XIX no Brasil.* Pelotas: Seiva Publicações, 2003; GATTI Júnior, Décio. *A escrita escolar da história:* livro didático e ensino no Brasil (1970-1990) Bauru: Editora da UDESC; Uberlândia: EDUFU, 2004; BITTENCOURT, Circe. *Livro didático e saber escolar (1810-1910).* Belo Horizonte: Autêntica, 2008; OLIVEIRA, Margarida Maria Dias de; STAMATTO, Maria Inês Sucupira.(orgs.) *O livro didático de história:* políticas educacionais, pesquisa e ensino. Natal: EDUFRN, 2007; ANDRADE, João Maria Valença de; STAMATTO, Maria Inês Sucupira. (orgs.) História ensinada e a escrita da História. Natal: EDUFRN, 2009; BATISTA, Antônio Augusto Gomes; GALVÃO, Ana Maria de Oliveira. Livros escolares de leitura no Brasil: elementos para uma história. Campinas: Mercado de Letras, 2009.

13 Sobre a produção memorialística de professores, bem como estudos sobre biografias e autobiografias docentes, consultar, entre outros: MORAES, Dislane Zerbinatti. *Literatura, memória e ação política:* uma análise de romances escritos por professores paulistas São Paulo: Faculdade de Educação da Universidade de São Paulo, 1996. (Dissertação de Mestrado);CATANI, Denice Bárbara; BUENO, Belmira Oliveira; SOUSA, Cynthia Pereira; SOUZA, Maria Cecília C.C. *Docência, memória e gênero:* estudos sobre formação. São Paulo: Escrituras, 1997. MIGNOT, Ana Chrystina Venancio; CUNHA, Maria Teresa Santos (orgs.) *Práticas da Memória docente.* São Paulo: Cortez, 2003; ABRAHÃO, Maria Helena Menna Barreto (org.) *A Aventura (Auto)Biográfica:* teoria e empiria. Porto Alegre: EDIPUCRS, 2004.; SOUZA, Elizeu Clementino de (org.) *Autobiografias, histórias de vida e formação:* pesquisa e ensino. Porto Alegre: EDIPUCRS; Salvador: UNEB, 2006; SOUZA, Elizeu Clementino de; ABRAHÃO, Maria Helena Menna Barreto (orgs.) *Tempos, narrativas e ficções:* a invenção de si. Porto Alegre: EDIPUCRS; Salvador: UNEB, 2006; SOUZA, Elizeu Clementino de; MIGNOT, Ana Chrystina Venancio (orgs.) *Histórias de vida e formação de professores.* Rio de Janeiro: Quartet, FAPERJ, 2008.

Na tentativa de responder as questões postas no início deste texto, gostaríamos de indicar que os professores e professoras que pesquisamos, nas décadas de 30 e 40, do século XX, em São Paulo, escrevem para outros professores, para alunos e para leitores em geral. Escrevem para marcar suas presenças no campo educacional e muitos publicam também em busca de reconhecimento nos campos intelectual e literário. Apesar de parecerem "desinteressados" em relação aos recursos advindos dos direitos autorais, professores e professoras, autores e autoras de livros didáticos, parecem ter muita atenção nas cobranças e negociações dos mesmos.

Como lembram Paula Perin Vicentini e Rosário Genta Lugli (2009) é muito complexa a produção da História da Profissão Docente no Brasil, pois ela se apresenta como uma "síntese fragmentada". As autoras citadas apresentam ainda a complexidade e a heterogeneidade das condições de trabalho docente no século XIX e XX, e como é necessário "considerar os projetos educacionais que, no decorrer dos anos, impuseram determinadas formas de trabalho e fizeram com que o magistério se constituísse como categoria profissional". (VICENTINI; LUGLI, 2009, p.209-210)

Entendemos que ao ampliarmos e aprofundarmos as investigações em relação à autoria-docente, nas suas mais diversas formas, seja como "educadores-cientistas", "educadores-tradutores" e "educadores-literatos" (CATANI, 2008), poderemos contribuir para melhor compreendermos os elementos da configuração da História da Profissão Docente, bem como da História das Disciplinas Escolares.

Como ressalta Viñao Frago:

> A disciplina é o elemento chave da profissionalização do docente, o que define o conteúdo e o espaço acadêmico de sua profissionalização. Daí, que não se pode estudá-los separadamente, como se fossem dois campos sem relação alguma, a história das disciplinas escolares e a do processo de profissionalização dos docentes. Quer dizer, a história de sua forma-

ção e titulação, de sua seleção, das matérias que ensinam, dos temas sobre os quais trabalham ou investigam e do controle que exercem tanto sobre a formação e seleção dos futuros professores de seu campo disciplinar – ou outros campos – como sobre o trabalho profissional de quem já pertence ao mesmo (o quê e como ensinam, o quê e como investigam, com quem e como se relacionam profissionalmente em seu campo disciplinar ou fora do mesmo). (VINÃO, 2008, p. 205)

Assim, entende-se que investigar a produção e circulação das coleções didáticas das diferentes disciplinas escolares, nos diversos níveis de ensino, em distintos momentos da nossa História da Educação, pode-se elucidar questões e problemas referentes: ao exercício do magistério, ao processo de formação, às práticas cotidianas do ensinar e aprender, ao processo da constituição da autoria-didática, entre outras.

Para finalizar, sem pretender prescrever "novos caminhos", ou mesmo estabelecer um método investigativo para a pesquisa, evidenciam-se alguns aspectos para aqueles que querem iniciar estudos no campo da investigação da autoria-didática de professores e professoras, no campo da História da Educação:

1. Não dissociar o estudo da autoria-didática da produção de livros em geral – isto é, ao estudar a produção de livros didáticos perceber a relação desta com o campo editorial mais amplo;
2. Compreender as formas de organização do campo educacional no período investigado (legislação, estrutura do ensino, formas de controle do trabalho docente e da produção didática, entre outros aspectos)
3. Investigar o processo de formação e atuação docente do autor (e/ou autores) e sua relação com a disciplina (ou as disciplinas) às quais se dedica. Analisar a estrutura didática do livro e/ou coleção, percebendo regularidades na composição das lições; bem

como inovações e/ou "apego" a certas "tradições" e ou tendências pedagógicas específicas;

4. Perceber a relação entre os planos e/ou ementas das disciplinas ministradas pelo autor (e/ou autora) e os sumários do livro produzido, bem como atentar para os elementos do "aparato crítico" (prefácio, notas explicativas, orelhas, capa e contra-capa, entre outros);

5. Pesquisar as diferentes edições do livro e/ou coleção e as alterações na materialidade (tipo de capa, formatação das letras, tamanho, número de páginas, uso de cores, indicação ou não de exercício, preço, entre outros elementos de editoração e tipográficos). No caso dos elementos relacionados com a materialidade, é necessário conferir os estudos produzidos no campo da História do Livro e da Editoração;

6. Identificar as formas de divulgação do livro (e/ou coleção) investigado em jornais e revistas de grande circulação, jornais e revistas pedagógicas, jornais escolares (através de entrevistas, reclames, propagandas das editoras, resenhas, notas de leitura, comentários);

7. Analisar as formas de recepção do livro (e/ou coleção) investigado através de entrevistas com professores, professoras, alunos e alunas do período investigado (no caso dos períodos mais recuados no tempo, pode-se recorrer às narrativas memorialísticas – biografias, memórias, autobiografias - e mesmo algumas obras literárias que se referem ao campo educacional, que podem trazer referências a obras didáticas e/ou autores). Para fundamentar melhor a análise dos elementos que envolvem este aspecto, considerar os estudos produzidos nas últimas décadas no campo da História da Leitura;

8. Levantar nas editoras: contratos, catálogos, listas de preços, correspondências, circulares, pedidos de orçamento, entre outros documentos que possam conter registros da relação entre o autor, a obra e a editora;

9. Pesquisar nos arquivos escolares, nos arquivos públicos e particulares que possibilitem acesso a: programas de ensino, livros de atas, cadernetas, cadernos de planejamento de professores, cadernos de alunos, que possam apresentar indícios do uso dos livros e coleções investigados;

10. Em se tratando de autor e/ou autora que estejam vivos procurar entrevistá-los, no caso daqueles que já faleceram buscar registros da sua trajetória em: livros de memórias, diários que tenha escrito, correspondências, manuscritos diversos, depoimentos de familiares, de ex-colegas de trabalho, de ex-alunos, documentos institucionais (portarias, atas de nomeação, pedidos de demissão, contratos assinados, homenagens) entre outros.

Esperamos que estes lembretes possam estimular outros pesquisadores a se debruçarem sobre a "aventura" da pesquisa em relação ao inventário e à compreensão da autoria-didática no campo da História da Educação.

Referências Bibliográficas

ANDRADE, João Maria Valença de; STAMATTO, Maria Inês Sucupira. (orgs.) *História ensinada e a escrita da História*. Natal: EDUFRN, 2009.

ABRAHÃO, Maria Helena Menna Barreto (org.) *A Aventura (Auto)-Biográfica*: teoria e empiria. Porto Alegre: EDIPUCRS, 2004.

ARAÚJO, José Carlos Souza; FREITAS, Anamaria Gonçalves Bueno de; LOPES, Antonio de Pádua Carvalho (orgs.) *As escolas normais no Brasil*: do Império à República. Campinas: Editora Alínea, 2008

BASTOS, Maria Helena Camara; BENCOSTTA, Marcus Levy, CUNHA, Maria Teresa Santos (orgs.) *Uma cartografia em pesquisa em História da Educação na Região Sul:* Paraná, Santa Catarina, Rio Grande do Sul (1980-2000). Pelotas: Seiva, 2004.

BASTOS, Maria Helena Camara. *A Revista de Ensino no Rio Grande do Sul (1939-1942):* o novo e o nacional em revista. Pelotas: Seiva Publicações, 2005.

BATISTA, Antônio Augusto Gomes; GALVÃO, Ana Maria de Oliveira. *Livros escolares de leitura no Brasil:* elementos para uma história. Campinas: Mercado de Letras, 2009.

BICCAS, Maurilane de S. *O impresso como estratégia de formação:* Revista do Ensino de Minas Gerais (1925-1940). Belo Horizonte: Argvmentvm, 2008.

BITTENCOURT, Circe. *Livro didático e saber escolar (1810-1910).* Belo Horizonte: Autêntica, 2008.

BOURDIEU, Pierre. *Questões de Sociologia.* São Paulo: Marco Zero, 1980.

BOURDIEU, Pierre. *Meditações Pascalianas.* 2. ed. Rio de Janeiro: Bertrand Brasil, 2007.

CATANI, Denice Bárbara. *Os escritos dos professores no campo educacional brasileiro (1890-1970).* Trabalho apresentado no VII Congresso Luso-Brasileiro de História da Educação. Porto, 2008.

CATANI, Denice Bárbara *Educadores à meia-luz*: um estudo sobre a Revista do Ensino da Associação Beneficente do Professorado Público de São Paulo. Bragança Paulista: EDUSF, 2003.

CATANI, Denice Bárbara; SOUSA, Cynthia Pereira. *Imprensa periódica educacional paulista (1890-1996) – Catálogo.* São Paulo: Plêiade, 1999.

CATANI, Denice Bárbara; BASTOS, Maria Helena Câmara (orgs.) *Educação em revista:* a imprensa periódica e a História da Educação. São Paulo: Escrituras, 2002.

CATANI, Denice Bárbara; BUENO, Belmira Oliveira; SOUSA, Cynthia Pereira; SOUZA, Maria Cecília C.C. *Docência, memória e gênero*: estudos sobre formação. São Paulo: Escrituras, 1997.

CHOPPIN, Alain. O historiador e o livro escolar. *Revista História da Educação*. Pelotas: Editora da UFPel, 2002. p.5-24.

GATTI Júnior, Décio. *A escrita escolar da história*: livro didático e ensino no Brasil (1970-1990) Bauru: Editora da UDESC; Uberlândia: EDUFU, 2004.

GONÇALVES, Rita de Cássia. *Comissão de seleção dos livros didáticos (1935-1951):* guardiã e censora da produção didática. São Paulo: Pontifícia Universidade Católica de São Paulo. (Dissertação de Mestrado – Linha de Pesquisa: História, Política e Sociedade), 2005.

HALEWELL, Laurence. *O livro no Brasil.* 2ª. Edição revista e ampliada. São Paulo: Editora da Universidade de São Paulo, 2005.

MIGNOT, Ana Chrystina Venancio; CUNHA, Maria Teresa Santos (orgs.) *Práticas da Memória docente.* São Paulo: Cortez, 2003.

MORAES, Dislane Zerbinatti. *Literatura, memória e ação política*: uma análise de romances escritos por professores paulistas São Paulo: Faculdade de Educação da Universidade de São Paulo, 1996. (Dissertação de Mestrado)

MUNAKATA, Kazumi. *Produzindo livros didáticos e paradidáticos*. São Paulo: Pontifícia Universidade Católica de São Paulo, 1997. (Tese de Doutorado em História e Filosofia da Educação)

OLIVEIRA, Margarida Maria Dias de; STAMATTO, Maria Inês Sucupira. (orgs.) *O livro didático de história:* políticas educacionais, pesquisa e ensino. Natal: EDUFRN, 2007.

PAIXÃO, Fernando (coord.). *Momentos do livro no Brasil*. São Paulo: Ática, 1995.

PEIXOTO, Ana Maria Casasanta; PASSOS, Mauro. (orgs.) *A escola e seus atores*: educação e profissão docente. Belo Horizonte: Autêntica, 2005.

RAZZINI, Márcia de Paula Gregório. *O espelho da nação*: a Antologia Nacional e o ensino de Português e de Literatura (1838-1971). Campinas: Instituto de Estudos de Linguagem, Universidade Estadual de Campinas, 2000. (Tese de Doutorado). 2. vol.

SCHELBAUER, Analete Regina; ARAÚJO, José Carlos Souza. (orgs.) *História da educação pela imprensa*. Campinas: Editora Alínea, 2007.

SILVA, Vivian Batista. *Saberes em viagem nos manuais pedagógicos*: construções da escola em Portugal e no Brasil (1870-1970). São Paulo: Faculdade de Educação, Universidade de São Paulo, 2005. (Doutorado em Educação)

SOUZA, Elizeu Clementino de (org.) *Autobiografias, histórias de vida e formação*: pesquisa e ensino. Porto Alegre: EDIPUCRS; Salvador: UNEB, 2006.

_____; ABRAHÃO, Maria Helena Menna Barreto (orgs.) *Tempos, narrativas e ficções*: a invenção de si. Porto Alegre: EDIPUCRS; Salvador: UNEB, 2006.

_____; MIGNOT, Ana Chrystina Venancio (orgs.) *Histórias de vida e formação de professores*. Rio de Janeiro: Quartet, FAPERJ, 2008.

TAMBARA, Elomar. *Bosquejo de um ostensor do repertório de textos escolares utilizados no ensino primário e secundário do século XIX no Brasil*. Pelotas: Seiva Publicações, 2003.

_____; CORSETTI, Berenice (orgs.) *Instituições formadoras de professores no Rio Grande do Sul*. Pelotas: Editora da Universidade UFPel, 2008. Vol. 1 e 2.

_____; CORSETTI, Berenice (orgs.) *Instituições formadoras de professores no Rio Grande do Sul.* Pelotas: Editora da Universidade UFPel, 2009. Vol. 3.

_____; PERES, Eliane. (orgs) *Livros escolares e ensino da leitura no Brasil (séculos XIX e XX).* Pelotas: Seiva Publicações/Fapergs,2003.

TOLEDO, Maria Rita de Almeida. *Coleção Atualidades Pedagógicas*: do projeto político ao projeto editorial (1931-1981). São Paulo: Pontifícia Universidade Católica de São Paulo. 2001. (Tese de Doutoramento).

VASCONCELOS, José Gerardo; NASCIMENTO, Jorge Carvalho do (orgs). *História da Educação no nordeste brasileiro.* Fortaleza: Edições UFC, 2006.

VICENTINI, Paula Perin; LUGLI, Rosário Genta (orgs.) *História da profissão docente no Brasil*: representações em disputa. São Paulo: Cortez, 2009.

VIÑAO, Antonio. História das disciplinas escolares. In: *Revista Brasileira de História da Educação.* N.18.Campinas: Autores Associados; Sociedade Brasileira de História da Educação. setembro/dezembro, 2008. p. 173-215.

Os autores

Anamaria Gonçalves Bueno de Freitas: Possui graduação em Pedagogia pela Faculdade de Filosofia Ciências e Letras "Imaculada Conceição", Santa Maria-RS (1989), Mestrado em Educação pela Universidade Estadual de Campinas (1995) e Doutorado em Educação pela Universidade Estadual de Campinas (2003). Atualmente é professora Adjunta IV do Departamento de Educação da Universidade Federal de Sergipe (UFS); Professora do Núcleo de Pós-Graduação em Educação da UFS, coordenadora do Grupo de Estudos e Pesquisas em História da Educação: Intelectuais da Educação, Instituições Educacionais e Práticas Escolares. Tem experiência na área de Educação, com ênfase em Educação Brasileira, atuando principalmente nos seguintes temas: História da Educação, educação feminina, formação de professores, biografias docentes e instituições escolares. (Currículo Lattes. CNPq. Maio de 2010)

Andrea Alliaud: Doctora en Educación en la Facultad de Filosofía y Letras de la Universidad de Buenos Aires de Argentina. Docente-investigadora en el Departamento de Ciencias de la Educación de la misma Facultad, institución en la que además dirige un programa de investigación destinado al estudio de la experiencia y el saber docente. Asimismo se desempeña como Profesora de posgrado en la Universidad Torcuato Di Tella. Actualmente coordina el área de Formación Docente en el Instituto para el Desarrollo y la Innovación

Educativa de la Organización de Estados Iberoamericanos (IDIE/OEI), de Argentina. Fue, además, Directora General de Educación Superior del Ministerio de Educación de la Ciudad de Buenos Aires. Es autora de numerosos artículos y libros destinados al área de su especialidad: la formación docente. Entre sus publicaciones más conocidas, se pueden mencionar: el libro *Los maestros y su historia: los orígenes del magisterio argentino*, re-editado en 2007 por Granica y artículos realizados a partir de su tesis doctoral referidos a la biografía escolar de los maestros. (Currículo Lattes. CNPq. Maio de 2010)

Antônia Edna Brito: Possui graduação em Pedagogia pela Universidade Federal do Piauí (1983), especialização em Alfabetização pela Universidade Federal do Piauí (1993), Mestrado em Educação pela Universidade Federal do Piauí (1997) e Doutorado em Educação pela Universidade Federal do Piauí (2003). Atua principalmente nos seguintes temas: saberes docentes, formação de professor e saberes. (Currículo Lattes. CNPq. Maio de 2010)

Bruno Bontempi Jr.: Possui mestrado (1995) e doutorado (2001) em Educação pela Pontifícia Universidade Católica de São Paulo, pós-doutorado no Programa de História da Universidade do Estado do Rio de Janeiro (2009). Atualmente é professor do Departamento de Filosofia da Educação e Ciências da Educação da Faculdade de Educação da Universidade de São Paulo, lecionando as disciplinas História da Educação I e II e Introdução aos Estudos de Educação: Enfoque Histórico. É orientador credenciado no Programa de Pós-Graduação em Educação da USP. É membro da Comissão de Pesquisa da FEUSP. Tem experiência na área de Educação, com ênfase em História da Educação, atuando principalmente nos temas: historiografia da educação, história dos intelectuais da educação, imprensa e educação, história do ensino profissional. Integra a Comissão Editorial da Revista Brasileira de História da Educação. (Currículo Lattes. CNPq. Maio de 2010)

Carmen Sanches Sampaio: Possui graduação em Pedagogia pela Universidade Federal Fluminense (1979), Mestrado em Educação pela Universidade Federal Fluminense (1994) e Doutorado em Educação pela Universidade Estadual de Campinas (2003). Atualmente é professora adjunta da Universidade Federal do Estado do Rio de Janeiro (UNIRIO). Tem experiência na área de Educação, com ênfase em Alfabetização, atuando principalmente nos seguintes temas: cotidiano escolar, alfabetizacão, educação infantil e formação da professora alfabetizadora. (Currículo Lattes. CNPq. Maio de 2010)

Helena Amaral da Fontoura: Graduada em Pedagogia pela Pontifícia Universidade Católica do Rio de Janeiro (1974), Graduate Diploma em Educational Psychology pela University of Alberta, Canadá (1977), Mestre em Educação pela Universidade do Estado do Rio de Janeiro (1993), Doutora em Ciências pela Escola Nacional de Saúde Pública ENSP/Fundação Oswaldo Cruz (1997) e Pós-Doutora em Educação na Universidade de Barcelona (2007). Foi professora da Faculdade de Educação da Universidade Federal Fluminense. Atualmente é professora adjunta do Departamento de Educação da Faculdade de Formação de Professores da Universidade do Estado do Rio de Janeiro. É Bolsista do Programa Prociência da UERJ desde 2006. Atua como colaboradora no Programa de Pós-Graduação em Ensino em Biociências e Saúde do Instituto Oswaldo Cruz (IOC) da Fiocruz desde 2004. Coordenadora de Pesquisa da Faculdade de Formação de Professores da UERJ desde 2008. Tem grande experiência na área de Educação, com ênfase em Formação de Professores, atuando principalmente nos seguintes temas: formação de professores, práticas de ensino/estágio supervisionado, iniciação à docência, etnografia e análise de vídeo. Coordenadora do Mestrado em Educação – processos formativos e desigualdades sociais, da Faculdade de Formação de Professores (FFP/UERJ) de São Gonçalo (2009). (Currículo Lattes. CNPq. Maio de 2010)

Inês Ferreira de Souza Bragança: Doutora em Ciências da Educação pela Universidade de Évora-Portugal, Mestre em Educação e Pedagoga, pela Universidade Federal Fluminense. Professora Adjunta do Departamento de Educação e do Mestrado em Educação: Processos Formativos e Desigualdades Sociais da Faculdade de Formação de Professores da Universidade do Estado do Rio de Janeiro (FFP/UERJ) e do Programa de Pós-graduação em Educação da Universidade Estácio de Sá (UNESA). Tem vários trabalhos publicados em capítulos de livro, periódicos e anais de eventos nacionais e internacionais sobre formação docente, histórias de vida de professores(as), memória e história das escolas. Coordena o Núcleo de Pesquisa e Extensão Vozes da Educação: Memória e História das Escolas de São Gonçalo (UERJ) e faz parte do Grupo de Pesquisa ALEPH - Programa de Pesquisa, Aprendizagem-Ensino e Extensão em Formação dos Profissionais da Educação, da Universidade Federal Fluminense (UFF). (Currículo Lattes. CNPq. Maio de 2010)

José Gonzales Monteagudo: Professor Titular da Universidade de Sevilha, junto ao Departamento de Teoria e História da Educação e Pedagogia Social. Suas produções relacionam-se principalmente às histórias de vida de adultos, investigando as bases teóricas, metodológicas e formas de educação desse grupo de pessoas.

Kátia Maria Santos Mota: Possui graduação em Licenciatura em Letras pela Universidade Federal da Bahia (1972), mestrado em Letras e Linguística pela Universidade Federal da Bahia (1984) e doutorado em Estudos Luso Brasileiros - Brown University (1999). Atualmente é professora adjunta do Departamento de Educação da Universidade do Estado da Bahia e atua na pós-graduação em Educação e Contemporaneidade; é aposentada da Universidade Federal da Bahia. Sua produção científica circula nas áreas de: educação linguística, políticas linguísticas, diversidade linguística, língua e identidade, letramento em classes populares, bilinguismo e imigrantes. Atualmente faz pesquisa sobre a formação de docentes em Educação de Jovens e Adultos, História Oral e Escrita (auto)biográfica. (Currículo Lattes. CNPq. Maio de 2010)

Verbena Maria Rocha Cordeiro: Possui graduação em Letras pela Universidade Federal da Bahia (1967), especialização em Técnica de Ensino pelo Ministério do Exército (1977), mestrado em Educação pela Universidade Federal da Bahia (1985), doutorado em Teoria da Literatura pela Pontificia Universidade Católica do Rio Grande do Sul (2003) e pós-doutorado pela Pontificia Universidade Católica do Rio Grande do Sul (2009). Atualmente é professora titular da Universidade do Estado da Bahia, Membro de corpo editorial da Revista Signos – UNIVATES/RS, Membro de corpo editorial do Tabuleiro de Letras, Membro de corpo editorial da Revista Letronica – PPGL-PUCRS, Membro de corpo editorial do Caderno de Linha PPGEL/UNEB, Primeira tesoureira da Associação Brasileira de Pesquisa (Auto)Biográfica, Coordenadora Associada 1 da Universidade do Estado da Bahia e Coordenadora da Associada 1 PROCAD PUC-RS/UNEB da Universidade do Estado da Bahia. Tem experiência na área de Letras. Atuando principalmente nos seguintes temas: Leitor, Literatura, Estética da recepção, Sociologia da Leitura. (Currículo Lattes. CNPq. Maio de 2010)

SOBRE O LIVRO
Formato: 14 x 21 cm
Mancha: 23, 7 x 43,1paicas
Tipologia: Minion Pro 10,5/14,5
Papel: Offset 75g/m^2 (miolo)
Cartão supremo 250g/m^2(capa)
2010

EQUIPE DE REALIZAÇÃO
Capa: DB Comunicação
Revisão: Dislane Zerbinatti Moraes
Editoração: Sandra Kato

Impressão e Acabamento
Prol Editora Gráfica